Jonathan Byron's

DIE WELT IN 60 MINUTEN

CORNELIUS HARTZ

ANTIKE

in 60 Minuten

THIELE VERLAG

Inhalt

Uxori optimae.

Intro

Antike in 60 Minuten – geht das überhaupt? Im Prinzip schon. Man muss sich nur sehr konzentrieren. Ein Überblick über viertausend Jahre Kultur in nur einer Stunde, sozusagen im Dauerlauf von den Ägyptern über die Griechen und die Römer bis zur Spätantike, dabei Geschichte, Kultur, Kunst, Literatur, Alltagsleben … Es kann einem schon schwindlig werden beim Ausblick, so viele Themen in ein Büchlein zu verpacken. Wo fängt man an, wo hört man auf? Welche Schwerpunkte setzt man? Was kann man als bekannt voraussetzen? Was muss man unbedingt erwähnen? Und vor allem: Was kann und darf man weglassen?

Umso reizvoller ist es, den Versuch zu wagen und die Ursprünge der europäischen Kultur aus einem neuen Blickwinkel zu betrachten, der vor allem eines muss: sich aufs Wesentliche konzentrieren. Ein solch knapper Überblick kann sogar etwas sehr Reizvolles haben. Durch das Komprimieren von Informationen auf engstem Raum entsteht eine ganz neue Sicht auf Zusammenhänge, Vernetzungen, Abläufe. So kann und soll dieses Buch eben auch dazu dienen, Interesse zu wecken und zum Weiterlesen anzuregen.

Vierzig Jahrhunderte: Ägypten

Denkt daran: Von diesen Pyramiden blicken vierzig Jahrhunderte auf euch herab!« Diese Worte sprach Napoleon Bonaparte im Juli 1798 zu seinen Soldaten, direkt vor der sogenannten Schlacht bei den Pyramiden. Kurz darauf brachte sein Heer den Streitkräften der Mamluken eine geradezu vernichtende Niederlage bei. Es ist eine schöne Anekdote, dass der große Stratege seine Männer mit dem Hinweis auf die große Kultur der alten Ägypter in die Schlacht führte, die es den Engländern zu entreißen galt – auch wenn sie wohl nicht den Tatsachen entspricht, denn zum Zeitpunkt, als er diesen Satz gesagt haben soll, waren die Franzosen noch einen ganzen Tagesmarsch von den Pyramiden entfernt.

Bei den Pyramiden

Gleichwohl faszinieren die Großen Pyramiden von Gizeh die Menschen heute genauso wie damals und sogar schon zur Zeit des klassischen Griechenland, als sie in den Kanon der Sieben Weltwunder aufgenommen wurden. Sie sind das einzige dieser Weltwunder, das man heute noch besichtigen kann. Errichtet wurden die Pyramiden von Gizeh in Sichtweite der Stadt Kairo im 27. und 26. Jahrhundert vor Chr. In der größten der drei großen und sechs kleinen Pyramiden befindet sich die Grabstätte des Pharao Cheops. Aus drei Millionen Steinquadern besteht sie, die Grundfläche ist größer als sieben Fußballfelder, und in der Antike war sie 147 Meter hoch. Zweitausend Jahre lang war diese Pyramide das höchste Bauwerk der Welt, dann wurde der Leuchtturm von Pharos in Alexandria errichtet. Die Chephren-Pyramide direkt neben der des Cheops ist nur marginal kleiner, aber das Gelände ist so beschaffen, dass sie größer wirkt – und deshalb von vielen Touristen für die berühmte Pyramide des Cheops gehalten wird.

Was den ägyptischen Pyramiden heute leider fehlt, ist einerseits die frühere Verkleidung mit glattem, glänzendem weißen Kalkstein, andererseits die wertvolle Spitze, das *Pyramidion*. Nahe der Pyramiden steht auch die berühmte zwanzig Meter hohe Sphinx mit Menschenkopf und Löwenkörper, von der man bis heute nicht weiß, wozu sie diente. Manche Forscher glauben, dass sie das Areal bewachen sollte, als Totenwächterin – denn alles andere rund um die Pyramiden von Gizeh hat irgendwie mit dem Tod zu tun: Die Pyramiden selbst dienten als Grabmal für Pharaonen, und in ihrer unmittelbaren Nähe befanden sich diverse Königinnengräber und mehrere große Friedhöfe.

Totenkult

Der bekannteste Aspekt der altägyptischen Kultur ist sicherlich, dass die Ägypter ihre Toten einbalsamierten und diese Mumien dann mit viel Aufwand und kostbaren Grabbeigaben in Sarkophagen bestatteten. Letzteres trifft vor allem auf Pharaonen und hohe Beamte zu, ersteres auch auf ganz normale Menschen, deren Mumien man zu Hunderten in sogenannten Volksgräbern entdeckt hat. Höhergestellte Persönlichkeiten ließen sogar ihre Katzen einbalsamieren (die Katze genoss in Ägypten großes Ansehen).

Das meiste über altägyptische Gräber wissen wir aus dem Tal der Könige bei Luxor. Hier entdeckte Howard Carter 1922 das Grab des Pharaos Tutanchamun (ca. 1341–ca. 1323 vor Chr.) – eine Sensation, die mit einem Schlag das Interesse der ganzen Welt an der altägyptischen Kultur weckte. Das Grab bot eine nahezu unglaubliche Menge an Schätzen, die so faszinierend waren und sind, dass vor kurzem eine Ausstellung für Besucherrekorde sorgte, die lediglich Repliken der vielen Kunstgegenstände aus Gold, Silber, Elfenbein, Alabaster und Glas zeigte.

Howard Carters Entdeckung hatte allerdings auch eine Kehrseite: den »Fluch der Mumie«. Mehrere Teilnehmer der Expedition starben unter nicht ganz geklärten Umständen, was die Presse damals über viele Jahre genüsslich ausschlachtete. Aber letztlich war wohl wenig an den Gerüchten dran: Viele der »Opfer« des Fluchs waren ohnehin sehr alt und starben zudem lange nach der Öffnung des Grabs. Gleichwohl hielt die Mumie als Schauergestalt durch Groschenromane und Horrorfilme wie *Die Mumie* (1932) Einzug in die Populärkultur.

Ein geheimnisvolles Buch

Als *Ägyptisches Totenbuch* bezeichnet man eine Sammlung von Texten, die ab 1550 vor Chr. als Grabbeigabe dienten und die eine wichtige Quelle zur ägyptischen Mythologie darstellen. Es handelt sich um eine Reihe von Beschwörungsformeln, Liedern, Gebeten und Zaubersprüchen, die dem Verstorbenen helfen sollten, in die Unterwelt zu reisen. In heute noch erhaltenen Papyri variiert der genaue Inhalt von Fall zu Fall. Ursprünglich wurden solche Texte in die Außenseite eines Sarkophags geschnitzt, später dann als Schriftrollen mit in die Grabkammer gelegt. Ein einzelnes zusammenhängendes Buch war das Ganze jedoch nicht; die moderne Bezeichnung stammt daher, dass die Grabräuber solche in Gräbern gefundenen Papyrusrollen mit *kitâb-al-mayyit* beschrifteten – »Buch eines toten Menschen«.

Für alles einen Gott

Wie bei frühen Hochkulturen üblich, hatten die Ägypter viele verschiedene Götter, die unterschiedliche Funktionen erfüllten. Ra ist in der ägyptischen Mythologie der Gott der Sonne; sein Gegenstück, der Gott des Mondes, heißt Thot. Amun ist der »Vater des Lebens«, später mit Ra kombiniert zum Staatsgott Amun-Ra. Ptah ist der Erschaffer von Himmel und Erde, seine Frau heißt Sachmet, sie ist die Göttin von Krankheit und Krieg; ihre Schwester, die Fruchtbarkeitsgöttin, heißt Bastet. Isis und Osiris sind zugleich Geschwister und Mann und Frau – sie ist eine Muttergottheit, Osiris der Gott der Unterwelt; ihr gemeinsames Kind heißt Horus. Osiris wird von seinem Bruder, dem Wüstengott Seth, getötet; fortan ist er dafür zuständig, die Toten in die Unterwelt zu geleiten. Maat ist die Göttin der Wahrheit und der Gerechtigkeit, Anubis der Gott der Totenriten, Hathor die Göttin der Liebe, der Künste und des Friedens. Dargestellt wurden viele der Götter mit menschlichem Körper, aber dem Kopf eines Tieres; so hat Anubis den Kopf eines Schakals, Thot den eines Ibis usw.

Daneben wurde auch der jeweils regierende Pharao wie ein Gott verehrt: Nach dem Verständnis der alten Ägypter war der Pharao Sohn und Abgesandter der Himmelsgötter. Und nach dem Vorbild von Isis und Osiris heirateten viele Pharaonen die eigene Schwester – eine äußerst merkwürdige Sitte, die bis ins erste Jahrhundert vor Chr. fortgesetzt wurde.

Fruchtbarer Schlamm

Der Grund dafür, dass in Ägypten relativ früh in der Menschheitsgeschichte eine so wohlhabende Hochkultur entstand, war der Nil: Verlässlich einmal im Jahr trat er über seine Ufer, und diese Überschwemmung machte das umliegende Land fruchtbar, durch den lehmhaltigen Nilschlamm, den der Fluss aus den Vulkangebieten Äthiopiens anschwemmte. Eine riesige Oase mitten in der Wüste. Mit der Fertigstellung des umstrittenen Assuan-Staudamms 1971 verschwand dieser Schlamm und wurde größtenteils durch

Kunstdünger ersetzt, was sich wiederum negativ auf die Wasserqualität des Nils auswirkte. Das Nilkrokodil, im alten Ägypten als heiliges Tier verehrt, lebt heute nur noch unterhalb der Staumauer.

Der Assuan-Staudamm brachte aber noch ein weiteres Problem mit sich. Südlich davon, in Abu Simbel, steht ein wahres Wunderwerk von einem Tempel, der 1244 vor Chr. nach dreißigjähriger Bauzeit Pharao Ramses II. geweiht wurde. Die vier sitzenden zwanzig Meter hohen Monumentalstatuen des Pharaos an seiner Fassade gehören zu den Ikonen der ägyptischen Baukunst. Als man den Tempel 1813 ausgrub, war er komplett mit Wüstensand bedeckt, so dass selbst die Reliefs verschiedener Götter im Tempelinneren sehr gut erhalten waren. Doch der Tempel Ramses' II. steht heute nicht mehr an der Stelle, an der er errichtet wurde: Durch den Bau des Assuan-Staudamms lief die ganze Gegend Gefahr, im Wasser unterzugehen. Daher zerschnitten schwedische Techniker im Auftrag der UNESCO den Tempel in über tausend Blöcke, nahmen ihn auseinander und bauten ihn etwas höher gelegen wieder auf.

Zahlreiche andere architektonische Schätze hatten nicht so viel Glück. Sie liegen heute auf dem Grund des Stausees.

Pharaonen und Ptolemäer

Vor über sechstausend Jahren ließen sich Menschen am fruchtbaren Nilufer nieder. In der folgenden langen und wechselhaften ägyptischen Geschichte gibt es einige besonders markante Ereignisse. Dazu zählt die Vereinigung Ober- und Unterägyptens im dritten Jahrtausend vor Chr. Die Reichseinigung wird dem legendären König Menes zugeschrieben, der als erster Pharao alle Macht über Ägypten in einer Person vereinte und sich als Gott verehren ließ – der Ausgangspunkt einer der ersten organisierten Gesellschaften. Bereits vorher hatte sich ein Schriftsystem etabliert, eine der wichtigsten Voraussetzungen für die erfolgreiche Entwicklung von Wissenschaften, Medizin, Rechtsprechung und Kultur.

Das Alte Reich (ca. ab 2700 vor Chr.) war vom Bau der großen Pyramiden gekennzeichnet (zu dieser Zeit entstanden zum Beispiel die Pyramiden von Gizeh und die Djoser-Pyramide in Sakkara). Nach einer Zeit der politischen Verwirrung gelang es Pharao Mentuhotep II. Ägypten im Mittleren Reich (ca. ab 2100 vor Chr.) wieder zu einen. Auch in dieser Phase wurden Pyramiden gebaut, unter Sesostris' II., der mehrere Feldzüge in Richtung Osten und Süden anführte. Nach dieser Periode (ca. ab 1800 vor Chr.) zerfiel das Reich erneut, es gab zugleich einen Herrscher in Memphis und einen in Theben, und es kam ca. 1700 vor Chr. zu einem Einfall der Hyksos in Unterägypten.

Im Neuen Reich (ca. ab 1500 vor Chr.) erstrahlte Ägypten in neuer wirtschaftlicher und kultureller Blüte. In dieser Epoche lebten die bekanntesten Pharaonen: Ramses II., Thutmosis III., Tutanchamun und auch Hatschepsut, bis zur Ptolemäer-Dynastie die einzige Frau auf dem ägyptischen Thron. Unter Echnaton gab es zum ersten Mal das Bestreben, sich vom Polytheismus abzuwenden und (fast) ausschließlich einen einzigen Gott zu verehren. Außenpolitisch erweiterten die Ägypter ihren Einflussbereich bis an den Euphrat. Nach dem Neuen Reich zerfiel Ägypten noch einmal (1075 vor Chr.) und wurde von nubischen und libyschen Königen regiert. 652 vor Chr. wurde Ägypten von den Assyrern überfallen und verwüstet.

Aber erst Alexander dem Großen gelang es, Ägypten zu erobern (332 vor Chr.). Ihm gefiel das Land so gut, dass er hier eine Stadt aus dem Boden stampfen ließ, die sich binnen kurzem zur Geisteshauptstadt der Welt emporschwang: Alexandria. Nach seinem frühen Tod, als seine zahlreichen Nachfolger sich untereinander bekriegten und sein riesiges Reich untereinander aufteilten, fiel Ägypten seinem General Ptolemaios zu.

Ptolemaios begründete eine neue Linie von Königen, die Ptolemäer-Dynastie, und diese regierte Ägypten äußerst erfolgreich – bis die Römer kamen, zur Zeit der Herrscherin Kleopatras VII. (69–30 vor Chr.). Die Ptolemäer waren schlau genug, den Ägyptern, die den Griechen immerhin Tausende Jahre Kultur voraus hatten, keine neue Religion aufzuzwingen. Stattdessen sorgten sie dafür, dass die Stellung einzelner Götter und Göttinnen hervorgehoben wurde, die ihren eigenen Göttern von der Funktion her nahestanden.

Neuer Glanz: Alexandria

Für zwei Dinge ist Alexandria berühmt: das Museion und der Leuchtturm. Das Museion war die fortschrittlichste wissenschaftliche Einrichtung der Welt und die ihr angegliederte Bibliothek bis in die Spätantike der maßgebliche Ort, an dem Literatur gesammelt wurde – nicht nur griechische, sondern aus aller Welt, wobei fremdsprachige dann ins Griechische übersetzt wurde. Hier entstand zum Beispiel bis 100 vor Chr. die *Septuaginta*, die erste Komplettübersetzung der hebräischen Bibel. Bis zu 700.000 Papyrusrollen soll die Bibliothek beherbergt haben, und manche Mitarbeiter wie Kallimachos von Kyrene (ca. 320–ca. 245 vor Chr.) waren nicht nur Philologen, sondern wurden selbst zu berühmten Dichtern.

Das andere bedeutende Bauwerk war der Leuchtturm auf der kleinen Insel Pharos vor Alexandria: Ab der Spätantike galt er als eines der Sieben Weltwunder; dabei entstand er viel früher, Anfang des dritten Jahrhunderts vor Chr. Er war einer der ersten Leuchttürme der Welt und mit ca. 160 Metern das vielleicht höchste Bauwerk der

Antike. Bis ins vierzehnte Jahrhundert soll der Leuchtturm noch gestanden haben, auch wenn er nach diversen Erdbeben spätestens ab dem achten Jahrhundert nicht mehr funktionierte.

In die Bedeutungslosigkeit fiel Ägypten erst unter den Römern, als die stolze und uralte Hochkultur nur noch als Kornkammer für das expandierende Römische Reich zu dienen hatte. Nach strategischen Allianzen und Liaisons mit Caesar (mit dem sie einen Sohn hatte) und Marc Anton biss sich Kleopatra an Augustus schließlich die Zähne aus. Ägypten wurde römische Provinz, und unter der Herrschaft der macht- und habgierigen römischen Statthalter, die den Ägyptern auch noch ihren Glauben aufzwangen, fand die Kultur schließlich ein Ende.

Hieroglyphen für Anfänger

Als man die altägyptische Kultur wiederentdeckte, erschien vieles an ihr rätselhaft, und das galt nicht zuletzt für Schrift und Sprache. Niemand wusste, was die ganzen formschönen Bildzeichen bedeuten sollten – dass es eine Schrift sein musste, war klar, doch es gab niemanden mehr, der sie beherrschte. Licht ins Dunkel brachte ein Zufall: 1799, während der napoleonischen Besatzung Ägyptens, entdeckte ein französischer Offizier beim Ort Rosette am Nil einen großen Stein mit abgeflachter Vorder- und Rückseite, in den ein langer Text eingemeißelt war. Es stellte sich heraus, dass es ein und derselbe Text in drei verschiedenen Sprachen war – auf Griechisch, auf Demotisch und in ägyptischen Hieroglyphen. Da man den griechischen und den demotischen Text entziffern konnte, besaß man endlich den langersehnten Schlüssel, die altägyptische Sprache zu verstehen.

Nachdem die Franzosen den Briten unterlagen, gelangte der inzwischen berühmte *Stein von Rosette* 1801 ins British Museum in London, wo man auch viele andere interessante Artefakte aus Ägypten, unter anderem Mumien, bewundern kann. Dennoch war es ein Franzose, Jean-François Champollion, dem es im Jahr 1822 gelang, die Hieroglyphen anhand des Steins endlich zu entziffern.

Die Völker im Osten

Eine Darstellung der Antike ist nicht ganz komplett, wenn man nicht im Blick behält, dass es neben Ägypten, Griechenland und Rom auch noch weitere Kulturvölker gab, mit denen die »großen Drei« immer wieder in Berührung kamen. Allein dass zwei der Sieben Weltwunder aus Babylon stammen, zeigt, dass sich ein »Seitenblick« wirklich lohnen kann.

Die Hethiter

Im achtzehnten Jahrhundert vor Chr. taten sich im Norden Anatoliens unterschiedliche Stämme zusammen und begründeten ein Reich, das in der Region mehrere hundert Jahre lang eine feste Größe sein würde: das Hethiter-Reich. Unter König Hattuschili wurde die Stadt Hattuscha zur Hauptstadt, und die Hethiter expandierten nach Süden und Osten, ans Mittelmeer und bis nach Nordsyrien. Aus Syrien brachten sie die Keilschrift mit, die sie zum Zweck der Verschriftlichung ihrer eigenen, indoeuropäischen Sprache anpassten. Die Hethiter waren außerdem das erste Volk überhaupt, das mit Eisen arbeitete.

Sie rückten sogar bis nach Babylon vor, das sie eroberten und zerstörten; im Anschluss wurde König Murschili ermordet, wie auch mehrere seiner Nachfolger, und die Hethiter zogen sich wieder nach Anatolien zurück. Unter Großkönig Schuppiluliuma I. stabilisierte sich das Reich um 1300 vor Chr. wieder und dehnte sich aus bis ins Zweistromland. 1274 vor Chr. trafen die Hethiter in der Schlacht bei Kadesch auf ägyptische Truppen unter Pharao Ramses II. Deren Expansionsbestrebungen hatten keinen Erfolg, und der nachfolgende Friedensschluss führte zur Ausfertigung des ältesten überlieferten Friedensvertrags überhaupt. Eine Kopie dieses Vertrags hängt im New Yorker UN-Gebäude. Im zwölften Jahrhundert vor Chr. ging das Hethiter-Reich ganz plötzlich unter, vermutlich durch Übergriffe der sogenannten Seevölker, die zu dieser Zeit auch den Ägyptern stark zusetzten.

Die Assyrer

Ab etwa 1800 vor Chr. herrschte das semitische Volk der Assyrer im Zweistromland rund um die Stadt Assur (heute Nordirak). Zur Weltmacht wurde das feudal organisierte Assyrer-Reich aber erst fast tausend Jahre später unter König Assurnasirpal II. (reg. 883–859 vor Chr.), der das bereits von seinen Vorgängern entscheidend erweiterte Territorium wirtschaftlich absicherte, indem er die Handelsrouten zum Mittelmeer unter seine Kontrolle brachte. Der Zugang zum Mittelmeer war für alle Völker der Region ein entscheidender Vorteil. Assurnasirpal II. führte u.a. gegen die Babylonier Krieg, und sein Sohn drang bis in den Süden Syriens vor. Mehrere dort ansässige Völker mussten sich zusammentun, um ihn aufzuhalten. Schon bald kam es jedoch zu inneren Krisen, aufgrund derer die Assyrer Teile ihrer neuen Gebiete wieder einbüßten.

Unter Tiglat-Pileser III. (745–726 vor Chr.) ging es endlich wieder aufwärts, und der so wichtige Zugang zum Mittelmeer wurde wiederhergestellt. Er nahm sogar das heutige Damaskus ein, was noch keinem seiner Vorgänger gelungen war. Seine größte Ausdehnung erfuhr das Assyrer-Reich um 700 vor Chr. herum. Sargon II. eroberte sogar Babylon und ließ sich dort als neuer König ausrufen. Auch das ägyptische Theben wurde besetzt. Der schließliche Niedergang war eine direkte Folge der massiven Expansionspolitik. Die Bewohner der eroberten Regionen wurden so stark ausgebeutet, dass es fast überall zu einem Kollaps der Wirtschaft kam. Dann mussten wieder neue Gebiete annektiert werden, um die Ausfälle zu ersetzen usw. Irgendwann musste das System an seine natürlichen Grenzen stoßen. So war es letztlich die Habgier der Mächtigen, die das Reich untergehen ließ. Ende des siebten Jahrhunderts vor Chr. wurde Assyrien von den Babyloniern erobert.

Die Babylonier

Das Ischtar-Tor ist einer der Publikumsmagneten der Berliner Museen. Es gehörte zur Prozessionsstraße am Königspalast von Babylon. Die Babylonier waren ein altes semitisches

Volk im südlichen Mesopotamien, das sich um die Stadt Babylon herum entwickelte. Sie waren eng mit den Assyrern in Nordmesopotamien vernetzt, beide sprachen einen Dialekt derselben Sprache. Dennoch kam es immer wieder zum Zwist zwischen den beiden Völkern.

Zu einer ersten Blüte führte die Babylonier König Hammurabi im achtzehnten Jahrhundert vor Chr. Doch sie gerieten immer wieder unter Fremdherrschaft, u.a. durch die Hethiter und die Kassiten. Nachdem sie Letztere 1160 vor Chr. gestürzt hatten, ging es kurzzeitig wieder aufwärts, unter König Nebukadnezar I. Seine Versuche, das Reich zu vergrößern, wurden zunächst von den Assyrern verhindert, und unter seinem Sohn marschierten die Assyrer sogar in Babylon ein. In der Folge kam es zu Einwanderungen anderer semitischer Völker wie der Aramäer und der Chaldäer, die die Babylonier nicht verhindern konnten. Ab 1025 vor Chr. herrschte in Babylon regelrechte Anarchie, und fremde Herrscher teilten das Land unter sich auf. 977 vor Chr. gelang es den Babyloniern, eine neue Dynastie einzurichten, aber das Reich blieb schwach und größtenteils fremdbestimmt.

Erst 620 vor Chr. wurde das Babylonier-Reich wieder selbständig und eroberte wenig später das Assyrer-Reich. Im Zuge der Eroberung Palästinas und der Zerstörung Jerusalems 597 vor Chr. durch Nebukadnezar II. kam es zum sogenannten Babylonischen Exil, der Umsiedlung der Jerusalemer Oberschicht ins Land der Sieger (wie es Brauch war). Durch den wachsenden Einfluss der babylonischen Priesterschaft auf die Politik wurde das Reich jedoch in der Folge so geschwächt, dass Babylon 539 vor Chr. von Perserkönig Kyros II. eroberte wurde.

Die Perser

Um 700 vor Chr. wird bei den Assyrern das erste Mal ein Volk der Perser erwähnt. Achaimenes ist der (eventuell mythische) Urvater der Perserreichs, das deshalb auch »Achämenidenreich« genannt wird. Er führte die Perser an, als diese sich im siebten Jahrhundert nahe der Gebiete der Elamer und der Meder im heutigen Iran niederließen. 640 vor Chr. wurden die Elamer von den Assyrern besiegt, und die Perser konnten sich als unabhängiges Reich etablieren. 550 vor Chr. gelang es dem persischen König Kyros II., das Reich der Meder zu annektieren, was eine weitere bedeutende Expansion zur Folge hatte, und den Aufstieg der Perser zu einer der wichtigsten Militärmächte. 539 vor Chr. nahmen sie Babylon ein.

Die Expansion der Perser in Richtung Westen war weniger erfolgreich: Zwar erzielten sie gegen die Griechen zunächst strategisch wichtige Siege, wie bei den Thermopylen, doch 480/479 vor Chr. unterlagen sie vor Salamis und in Plataiai. Auch als sie sich gegen Ende des Peloponnesischen Kriegs mit den Spartanern gegen Athen verbündeten, blieben sie erfolglos. Ab hier ging es mit den Persern bergab.

Das Grabmal des persischen Statthalters Maussolos gehörte zu den Sieben Weltwundern, in seiner riesenhaften Größe war es aber vor allem ein Mahnmal der Dekadenz und Prunksucht der Herrschenden. Noch im selben Jahrhundert, als man es errichtete, wurde Persien von Alexander dem Großen erobert. 331 vor Chr. fand bei Gaugamela (heute Nordirak) die entscheidende Schlacht statt, bei der König Dareios III. mit fast zweihunderttausend Soldaten von Alexanders zahlenmäßig weit unterlegener Armee besiegt wurde. Das bedeutete das Ende des Persischen Reichs.

Griechenland: Mythos und Geschichte

Vor der Geschichte steht der Mythos. Viele der in unbestimmter Zeit angesiedelten Erzählungen der alten Griechen galten lange Zeit als historisch, selbst Historiker wie Diodor (erstes Jahrhundert vor Chr.) beschrieben die mythische Vorzeit noch ganz selbstverständlich als Prähistorie des griechischen Volkes. Die wichtigsten Mythen lassen sich in sogenannte Zyklen gruppieren, so dass man leicht die Übersicht behält.

Zeus, Medusa & Co.

Zu Beginn gibt es nur das Chaos; aus diesem entsteht Gaia (die personifizierte Erde), sie gebiert Uranos (den personifizierten Himmel) und Pontos (das personifizierte Meer). Der jüngste Sohn von Gaia und Uranos ist Kronos, er und seine Geschwister nennt man die »Titanen«. Kronos zeugt mit Rhea (seiner Schwester) die Götter Zeus, Poseidon, Hades, Hestia und Demeter. Er hat jedoch Angst, dass diese sich gegen ihn wenden, und verschluckt sie. Nur Zeus bleibt übrig, denn Rhea hat statt Zeus einen großen Stein in ein Tuch gewickelt, den Kronos verschlingt. Später besiegt Zeus seinen Vater, und dieser spuckt die Geschwister wieder aus. Zusammen gründen sie eine neue Götterdynastie und lösen die Titanen ab.

Der fast 3000 Meter hohe Berg Olymp in Nordgriechenland (eigentlich ein Gebirgszug) ist die traditionelle Wohnstätte der Götter, die den Titanen nachfolgen. Diese sind Zeus und seine Geschwister sowie ein paar andere, die er gezeugt hat (deshalb nennt man ihn auch »Göttervater«). Die wichtigsten zwölf olympischen Götter sind: der Blitze schleudernde Zeus; seine Frau, die Ehegöttin Hera; der Meeresgott Poseidon; Hades, der Gott der Unterwelt; die Weisheitsgöttin Athene; Apollon, der Dichtergott und Anführer der Musen; Jagdgöttin Artemis; Aphrodite, Göttin der Liebe und Schönheit; der Gott der Reisenden und Diebe, Hermes; der Kriegsgott Ares; Hephaistos, der Gott der Schmiedekunst; Hestia, die Göttin des Herdfeuers. Die Götter sehen nicht nur aus wie Menschen, sie verhalten sich auch so: Intrigen und Zankereien sind an der Tagesordnung, von Zeus ganz zu schweigen, der seine Frau regelmäßig mit Sterblichen betrügt, oft in Gestalt von Tieren (Leda und der Schwan, Europa und der Stier). Regelmäßig gibt es darauf Ehekrach, und oft haben die so von Zeus gezeugten Kinder zu leiden – wie Herakles, der, auch wenn er ein Halbgott ist, seitens der eifersüchtigen Hera einiges zu erdulden hat.

Neben Göttern und Halbgöttern gab es noch viele weitere Figuren, die die Mythologie bevölkerten. Zum Beispiel die neun Musen, die jeweils für ein Genre aus Musik, Literatur und Kunst zuständig sind. Ihnen ähneln die Chariten, drei Göttinnen der Schönheit und Kreativität. Pegasus, das geflügelte Pferd, auf dem der Held Bellerophon reitet, und die Zentauren, Menschen mit einem Pferdekörper als Unterleib, zeugen von der großen kulturellen Bedeutung des Pferdes in der Antike.

Es gibt aber auch eher furchterregende Gestalten, so Kerberos, den dreiköpfigen Hund, der den

Ein- und Ausgang der Unterwelt bewacht; die Sphinx, mit dem Körper eines Löwen und den Flügeln eines Adlers, die Reisende, die ihr Rätsel nicht lösen können, tötet; die Medusa, eine Frau mit Schlangen als Haar, deren Blick jeden versteinert; die Hydra, ein neunköpfiges Ungeheuer, bei der an der Stelle eines abgeschlagenen Kopfes zwei nachwachsen; die Harpyien, Vögel mit Frauenköpfen, die Menschen anfallen und mit ihren Krallen zerfleischen.

Für das Schicksal zuständig sind die drei Moiren: Eine von ihnen spinnt den Schicksalsfaden einer Person, die zweite misst ihn ab und die dritte schneidet den Faden durch. Das gilt übrigens auch für die Götter, die ebenfalls dem Schicksal unterliegen – nicht einmal Zeus ist also allmächtig.

Der Thebanische Mythenzyklus

Zu diesem Zyklus gehört der Mythos von Ödipus, der dank der bösen Prophezeiung, er werde seine Mutter heiraten und seinen Vater töten, im Gebirge ausgesetzt wird. Der damit beauftragte Hirte aber verschont ihn, und so kommt es schließlich dazu, dass er vom König von Korinth adoptiert wird. Nachdem ihm als Heranwachsendem das Orakel wiederholt wird, verlässt er Korinth und geht ausgerechnet in seine alte Heimat. Nichts Böses ahnend begegnet er dabei seinem echten Vater, und im Streit erschlägt er ihn. Dann löst Ödipus das Rätsel der Sphinx und erhält dadurch die demjenigen, der das Rätsel lösen kann, versprochene Herrschaft über Theben und die Hand der Schwester des neuen Königs. Natürlich ist das Ödipus' Mutter. Nachdem eine Seuche ausbricht, erfährt Ödipus vom blinden Seher Teiresias, dass die Prophezeiung eingetreten ist. Seine Mutter bringt sich um, und Ödipus sticht sich die Augen aus und geht ins Exil, um sich zu bestrafen.

Seine Tochter Antigone kehrt nach seinem Tod nach Theben zurück. Ihre Brüder sitzen mittlerweile auf dem Thron. Im Streit treibt der eine den anderen aus der Stadt. Schließlich sterben beide im Kampf, und Kreon, der Vater von Antigones Verlobtem Haimon, wird König. Er verfügt, dass Antigone ihren einen Bruder nicht bestatten darf.

Eine Bestattung ist aber nötig, damit die Seele des Bruders in der Unterwelt Frieden findet. Sie bestattet ihn trotzdem, Kreon verurteilt sie zum Tode. Der Seher Teiresias warnt Kreon davor, seine Schwiegertochter umzubringen; Kreon will sie begnadigen, aber sie hat bereits Selbstmord begangen. Ihr Verlobter ist so geschockt, dass er es ihr nachtut und Kreons Frau ebenfalls.

Der Trojanische Mythenzyklus

Zu Beginn des Trojanischen Mythenzyklus streiten sich Hera, Athene und Aphrodite (durch Eris, die Göttin des Streits, angestiftet), wer von ihnen die Schönste ist. Paris, der Sohn des Königs von Troja, Priamos, soll entscheiden. Hera verspricht ihm Macht, wenn er sie wählt, Athene Weisheit und Aphrodite die schönste Frau der Welt zur Gattin. Er wählt Aphrodite. Dummerweise ist die schönste Frau der Welt Helena, und die ist schon verheiratet, mit dem König von Sparta, Menelaos. Paris entführt sie kurzerhand, und so kommt es zum Krieg der Griechen gegen Troja, denn Menelaos mobilisiert seinen Bruder Agamemnon, den König von Mykene, und alle möglichen griechischen Helden wie Odysseus und Achilleus.

Zehn Jahre dauert der Krieg; dann hat Odysseus einen Einfall, der zum Sieg der Griechen führt: Sie bauen ein großes hölzernes Pferd, das hohl ist und in dem sich Soldaten verstecken. Dann verlassen sie zum Schein den Kriegsschauplatz. Die Troer denken, die Griechen hätten aufgegeben und ziehen das Pferd als Siegesbeute in die Stadt; nachts klettern die Soldaten heraus und lassen die zurückgekehrten Griechen in die Stadt.

Als der Krieg vorbei ist, sticht Odysseus in See, um heim nach Ithaka zu segeln. Poseidon aber, der im Krieg auf Seiten der Troer war, sorgt dafür, dass die Heimfahrt zur Irrfahrt wird, die ebenfalls zehn Jahre dauert. Unterwegs trifft er mit seinen Gefährten u. a. auf den Zyklopen Polyphem, auf die Sirenen und auf die Zauberin Kirke. Als er endlich heimkehrt, ist seine Frau Penelope von Männern bedrängt, die sie heiraten wollen – Odysseus wähnt man tot. Er gelangt unerkannt, als Bettler verkleidet, in seinen Palast und tötet alle Freier.

Der Kretische Mythenzyklus

Alles beginnt damit, dass Zeus in Gestalt eines Stiers Europa entführt und mit ihr auf dem Rücken nach Kreta schwimmt. Dort zeugen sie Minos, der König von Kreta wird und den Palast Knossos errichtet. Als Minos den Gott Poseidon verärgert, verwirrt dieser die Sinne von Minos' Frau. Sie will unbedingt von einem Stier begattet werden und lässt sich dazu vom genialen Baumeister Dädalus eine hölzerne Kuh bauen, in die sie hineinkriecht. So zeugt sie mit einem Stier das schreckliche Mischwesen Minotaurus, das Minos in die Mitte eines großen Labyrinths verbannt, da Minos' Tochter Ariadne nicht möchte, dass das Monster getötet wird. Sie ändert jedoch bald ihre Meinung, nachdem Athen nach einer Auseinandersetzung Kreta tributpflichtig wird und alle neun Jahre sieben Jungfrauen und sieben junge Männer nach Kreta schicken muss, die dem Minotaurus geopfert werden. Endlich kommt der Held Theseus nach Kreta, um dem Minotaurus den Garaus zu machen. Ariadne verliebt sich in ihn und hilft ihm, seinen Weg aus dem Labyrinth wieder herauszufinden, mit einem Wollfaden. Theseus nimmt Ariadne mit, als er wieder nach Hause segelt, setzt sie aber aus irgendwelchen Gründen auf der Insel Naxos aus. Zur Strafe lassen die Götter ihn vergessen, dass er eigentlich extra weiße Segel setzen wollte, als sie in Piräus einlaufen, um seinem Vater Aigeus anzuzeigen, dass er noch am Leben ist. Das Schiff hat also immer noch schwarze Segel, und als der Vater es sieht, stürzt er sich ins Meer (das seither »Ägäis« heißt).

Auf Kreta versucht Dädalus indes zusammen mit seinem Sohn Ikarus der grausamen Herrschaft des Minos zu entfliehen. Er konstruiert mit Federn und Wachs große Flügel, und sie erheben sich in die Luft. Trotz seiner Warnungen fliegt der junge Ikarus jedoch zu nah an die Sonne: Das Wachs schmilzt, und er stürzt ins Meer (das seither »Ikarisches Meer« heißt).

Von Minos zur Polis

Die Ereignisse der Mythen sind natürlich nicht datierbar, da sie dem Reich der Fantasie angehören. Immerhin mag es einen Krieg um Troja gegeben haben, wahrscheinlich sogar mehrere, und inzwischen hat man Troja in der Nordwesttürkei auch ausgegraben, genau wie Mykene, woher Agamemnon stammte. Die früheste griechische Hochkultur war aber die auf Kreta. Die Minoische Kultur auf Kreta blühte von 3000 bis 1100 vor Chr. Damals entstand der Palast von Knossos, den im Mythos König Kinos errichtet, der aber ganz real ist, ungefähr 2000 bis 1200 vor Chr. bewohnt war und dessen Überreste bei Heraklion Kretas größte Touristenattraktion sind. Der Palast war über zwanzigtausend Quadratmeter groß und hatte tausend Zimmer; der Mythos vom Labyrinth kommt wohl ursprünglich daher, dass man sich dort ständig verlief.

In der letzten Phase fiel die Minoische Kultur mit der Blüte der Mykenischen Kultur zusammen, die die erste Form einer griechischen Schriftsprache verwendete und das gesamte griechische Festland beeinflusste, und mit der Kykladenkultur, einer frühen Hochkultur auf den Inseln der Ägäis zwischen Kreta und Athen. Die Jahrhunderte zwischen der Minoischen und Mykenischen Kultur und der archaischen Phase der griechischen Geschichte gehören zu den sogenannten »dunklen Jahrhunderten«: Man weiß sehr wenig darüber, was genau während dieser Zeit geschah.

Die als »archaische Zeit« bezeichnete Epoche der griechischen Geschichte beginnt im achten Jahrhundert vor Chr. Während dieser Zeit entstanden die Stadtstaaten (Poleis). Die komplexe soziale Organisation der Polis machte die Entwicklung einer fortschrittlichen Rechtsstruktur erforderlich, um ein reibungsloses Zusammenleben von Bürgern, Ausländern und Sklaven zu gewährleisten. Zudem musste dafür gesorgt werden, dass Bürger unabhängig von ihrem wirtschaftlichen Status vor dem Gesetz gleich waren – eine echte Neuerung und ein erster Schritt in Richtung der attischen Demokratie.

Neben der Bildung der Poleis wurde der Mittelmeerraum kolonisiert. Griechische Pflanzstädte entstanden im ganzen Mittelmeer – von der Ägäis über das Schwarze Meer und Anatolien über Libyen, Sizilien und Süditalien bis nach Frankreich und Spanien. All diese Städte waren Teil eines umfassenden Handelsnetzwerks. Auf dem griechischen Festland bildete sich die Vorherrschaft ein paar besonders mächtiger Poleis heraus, wie Athen, Sparta und Korinth. Im Zuge der Handelsverbindungen kamen ebenfalls Neuerungen nach Griechenland: Aus Kleinasien übernahm man die Technik der Münzprägung, und im sechsten Jahrhundert vor Chr. wurde auf dem griechischen Festland die Drachme als Zahlungsmittel eingeführt.

Jetzt wird's klassisch

Die Einrichtung der attischen Demokratie markiert den Beginn der klassischen Periode. Maßgeblich hierfür waren die Reformen des Kleisthenes 510 vor Chr. Eine Demokratie nach unserem Verständnis war dies nicht, denn die Entscheidungen trafen letztlich nur wenige Einwohner, aber immerhin wurde über wichtige politischen Fragen abgestimmt. 490 vor Chr. wurde Athen von den Persern angegriffen. Die Schlacht bei Marathon war die erste Bewährungsprobe für das neue politische System. Die Griechen gewannen, aber schon 480 vor Chr. griffen die Perser unter König Xerxes erneut an. Dieses Mal schlossen sich die meisten griechischen Stadtstaaten zusammen. Die erste Schlacht bei den Thermopylen verloren sie, aber dann schlugen die Griechen die Perser in Salamis und in Plataiai.

In der Folge überzeugten die Athener andere griechische Mittelmeerstädte angesichts der Gefahr, die durch die Perser drohte, dem Attischen Seebund beizutreten, mit Athen als Anführer. Die Mitglieder zahlten Tribut, aber je länger die Angriffe der Perser ausblieben, desto unzufriedener wurden sie. So kam es zur einseitigen Aufkündigung des Bündnisses seitens einzelner Seebund-Mitglieder, was von Athen teilweise drastisch bestraft wurde und zu kriegerischen Auseinandersetzungen führte. Langsam formierte sich geschlossener Widerstand, und einige Städte baten die Spartaner um Unterstützung gegen Athen.

In der Folge kam es zum langwierigen Peloponnesischen Krieg (431–404 vor Chr.). Historiker teilen diesen Krieg zumeist in drei Phasen ein: In der ersten Phase kam es zu einer Reihe Invasionen der Spartaner in Attika auf dem Landweg, während Athen die Überlegenheit seiner Marine nutzte und Küstenstädte angriff, die Bündnisse mit Sparta unterhielten. Diese Phase des Kriegs dauerte zehn Jahre, bis 421 vor Chr. der sogenannte Nikiasfrieden unterzeichnet wurde, der die Kampfhandlungen fürs Erste unterbrach.

Die zweite Phase des Kriegs begann 415 vor Chr. mit dem Überfall der Athener auf Syrakus (Sizilien) – ein Präventivschlag, der verhindern sollte, dass Syrakus im Konflikt mit der athenfreundlichen Stadt Segesta so sehr erstarkte, dass es Sparta gegen Athen zu Hilfe eilen konnte. Diese »sizilische Expedition« war eine massive militärisch-logistische Anstrengung, die für Athen in einer Katastrophe endete und die Endphase des Kriegs ab 413 vor Chr. einläutete. In dieser letzten Phase des Peloponnesischen Kriegs verbündeten sich die Spartaner ausgerechnet mit den Persern und gewannen so schließlich den Krieg.

Im Zuge des Peloponnesischen Kriegs wurden die meisten griechischen Stadtstaaten erheblich in Mitleidenschaft gezogen. Für viele Griechen war die Folge extreme Armut. Dennoch blieb Athen selbst nach der Niederlage noch für einige Zeit politisches und kulturelles Zentrum. Sparta hatte den Krieg zwar gewonnen, aber seine politischen Fähigkeiten entsprachen nicht seinen militärischen. Während Sparta weiterkämpfte, gegen andere Stadtstaaten, baute Athen langsam seine Macht wieder auf. Sparta steckte Niederlagen ein, und es entstand eine Art Machtvakuum.

Alexander und die Folgen

Nun witterten die im Norden von Griechenland lebenden Makedonen Morgenluft und griffen unter ihrem König Philipp die durch den langen Krieg geschwächten griechischen Poleis an und nahmen eine nach der anderen ein. Als man Philipp 336 vor Chr. ermordete, wurde sein Sohn Alexander neuer makedonischer König, mit gerade einmal zwanzig Jahren. Als König aller Griechen einte er die verfeindeten Parteien unter sich und zog 334 vor Chr. nun seinerseits gegen die Perser, offiziell aus Rache für die persischen Übergriffe auf Hellas im Jahrhundert zuvor. Mit über dreißigtausend Soldaten überschritt er den Hellespont und befreite die inzwischen von den Persern unterjochten griechischen Küstenstädte Kleinasiens. Er unterwarf Ägypten, schlug 331 vor Chr. den persischen König Dareios III. bei Gaugamela und wurde in Babylon zum Großkönig ernannt. Er eroberte alle Länder bis nach Indien und schuf so das größte Reich aller Zeiten. 323 vor Chr. starb Alexander der Große überraschend und hinterließ ein Weltreich ohne Herrscher.

Alexanders Reich wurde unter seinen Generälen (den sogenannten Diadochen) aufgeteilt und zerfiel in drei Hauptteile: Ägypten (dreihundert Jahre lang von den Nachkommen des Ptolemaios regiert), Seleukia (von Israel über den Iran bis nach Afghanistan) und Makedonien/Griechenland.

Hellenistische Blüte

Zwar kämpften die neuen griechischen Reiche oft gegeneinander, dennoch war diese hellenistische Zeit eine des Wohlstands und der kulturellen Blüte. Die Diadochen führten in ihren Ländern eine strikte Planwirtschaft ein, die die Landwirtschaft wesentlich ertragreicher machte; hohe Zölle im Außenhandel schützten die heimischen Wirtschaftsräume.

Alexandria in Nordägypten wurde zum neuen geistigen und wissenschaftlichen Zentrum des Mittelmeers, und in Athen lehrte der Philosoph Aristoteles. Wissenschaften wie Medizin (Praxagoras), Physik (Archimedes) und Mathematik (Eratosthenes) wurden gefördert und brachten neue Erkenntnisse. In der Astronomie erkannte man, dass sich die Erde dreht und dass sie um die Sonne kreist (Aristarch). Philosophie, bildende Kunst und Literatur fanden einen neuen Höhepunkt. Auch die Stellung der Frauen verbesserte sich, sie durften erstmals eigene Gewerbe betreiben, höhere Bildung erlangen, und in Einzelfällen profilierten sie sich sogar in der Politik.

Während der Epoche des Hellenismus begann Rom seinen unaufhaltsamen Aufstieg zur Weltmacht, und bis Ende des dritten Jahrhunderts vor Chr. hatte es sein Territorium bereits bis nach Illyrien (heute in etwa Kroatien, Serbien und Albanien) ausgedehnt. Im Rahmen des

Zweiten Punischen Kriegs (218–201 vor Chr.) verbündete sich Philipp V. von Makedonien mit Hannibal, um die Römer aus Illyrien zu vertreiben. Das hatte eine Reihe kriegerischer Auseinandersetzungen zwischen Griechen und Römern zur Folge, die am Ende dazu führten, dass die Römer 146 vor Chr. ganz Griechenland annektierten. Die übrigen Teile der Diadochenreiche zerfielen nach und nach im Zuge von Überfällen durch feindliche Völker oder wurden ebenfalls von Rom erobert. Als Letztes fiel den Römern Ägypten in die Hände (31 vor Chr.). Genugtuung konnte den Griechen in der Zeit nach der Eroberung höchstens die Tatsache bieten, dass die Römer einen Großteil ihrer Kunst und Kultur übernahmen. Besonders deutlich ist dies in der Literatur, was den Dichter Horaz Ende des ersten Jahrhunderts vor Chr. zur Aussage hinriss: »Das besiegte Griechenland hat den gefährlichen Sieger besiegt.«

Homer, Parthenon, Olympia

»Besinge mir, Muse, den Zorn des Peliaden Achilleus …« So beginnt das allererste griechische Epos, Homers *Ilias*. Es sind Worte, die nicht nur den Beginn der griechischen Literaturgeschichte bedeuten, durch die Verschriftlichung bis dahin nur mündlich überlieferter Dichtungen, sondern gewissermaßen den Ausgangspunkt der westlichen Kultur überhaupt.

Alles abgeschrieben

Die Literatur des alten Griechenland hat alle nachfolgende Literatur geprägt; die Philosophen haben unser Denken geformt, und die Autoren von Tragödien, Gruselgeschichten, Geschichtsbüchern oder Liebesgedichten haben so viele Spuren hinterlassen, dass sie uns immer noch auf Schritt und Tritt verfolgen. Dass wir die literarischen Werke der Griechen und der Römer auch heute noch lesen können, liegt daran, dass sie im Mittelalter abgeschrieben wurden – immer und immer wieder. In der Antike bestand ein »Buch« noch nicht aus einzelnen Seiten wie heute, sondern es war eine Papyrusrolle, die man beim Lesen oben abrollte und unten wieder aufrollte. In der Spätantike kam dann der Codex auf, Seiten aus Tierhaut, die man wie heute ein Buch zwischen Buchdeckeln zusammenband.

Bevor es in Europa Universitäten gab, lag das Wissen in den Händen der mittelalterlichen Klöster: Hier waren jahrhundertelang Mönche damit beschäftigt, die Werke antiker Autoren zu kopieren. Natürlich ging dabei auch vieles verloren, aber es scheint doch so, als seien heute zumindest die zentralen Werke der Antike recht gut erhalten. Viel seltener ist es, dass man ein verloren geglaubtes antikes Werk als Papyrus findet, doch manchmal geschieht es, so vor über hundert Jahren, als man Sapphos Gedichte auf von einer Mumie abgewickelten Papyrusstreifen im ägyptischen Wüstensand fand – auf einem antiken Müllhaufen.

• Epos: Die Bedeutung von Homer (um 750 vor Chr.) wurde bereits erwähnt. Seine Epen *Ilias* und *Odyssee*, über den Trojanischen Krieg und die Irrfahrten des Odysseus danach, sind nie wieder erreichte Meilensteine der griechischen Dichtung. Beide Epen weisen bereits raffinerte Erzähltechniken auf, die viel mit Retardation und Verschachtelungen arbeiten. Interessanterweise ist nicht klar, ob es Homer als Person überhaupt gab (»homerische Frage«); es kann gut sein, dass mehrere Personen daran beteiligt waren, diese mythischen Stoffe in schriftliche Form zu bringen. Hesiod (um 700 vor Chr.) behandelt ebenfalls die Mythenwelt: Seine *Theogonie* ist das maßgebliche Werk zu allem, was sich mit dem griechischen Götterapparat beschäftigt. Ein regelrechtes Gegenprogramm zu diesen beiden Epikern fuhr Kallimachos (ca. 320–ca. 245 vor Chr.), zumindest in gestalterischer Hinsicht. Ihm waren die gewaltigen, schweren Formen und Formulierungen der alten Dichter ein Gräuel – für ihn galt: »Ein großes Buch ist ein großes Übel.« Dennoch verfasste auch er ein Epos: die *Ursprünge*, in denen er diverse Ursprungsmythen widergibt. Doch gelang ihm dabei das Kunststück, gewissermaßen viele kleine Einzelteile und Episoden mit großer Kunstfertigkeit zu einem großen Ganzen zu verbinden.

- Lyrik: Platon war von Sappho (ca. 630–ca. 570 vor Chr.) so angetan, dass er sie als »zehnte Muse« bezeichnete. Die feinfühligen Liebesgedichte der Frau von der Insel Lesbos, die dort eine Art Erziehungsschule für höhere Töchter führte, waren zum Großteil an ihre Schülerinnen gerichtet. Sie ist die einzige Frau der altgriechischen Literaturgeschichte, von der in nennenswertem Umfang noch etwas erhalten ist, wenn auch nur fragmentarisch. Theokrit (ca. 300–ca. 250 vor Chr.) aus Sizilien verfasste *Idylle* – Gedichte in leichten, ausgefeilten Versen, die in der Welt der Hirten spielen und von Sehnsucht und unerfüllter Liebe handeln.
- Philosophie: Platon (428–347 vor Chr.) war Schüler von Sokrates, dem bedeutendsten und einflussreichsten Philosophen der Antike. Da Sokrates selbst keine Schriften hinterlassen hat, stammt alles, was wir über ihn wissen, aus der Fe-

der seines Schülers. Der schrieb Dialoge wie *Kriton* oder *Phaidon*, in denen sich Sokrates mit anderen unterhält und sie durch Nachfragen meist vom Gegenteil ihrer eigentlichen Meinung überzeugt. Platon gründete eine eigene philosophische Schule: die Platonische Akademie in Athen.

Ähnlich bedeutend ist Aristoteles (384–322 vor Chr.), der eine Reihe von Disziplinen wie Ethik und Wissenschaftstheorie begründete. In seiner einflussreichsten Schrift, der *Nikomachischen Ethik*, geht es um das Streben nach der Glückseligkeit als wichtigstem menschlichen Ziel. Aristoteles war Lehrer Alexanders des Großen und gründete die Philosophenschule Peripatos.

Die dritte wichtige philosophische Institution Athens war die Stoa, gegründet von Zenon (333–261 vor Chr.), dessen Philosophie der ganzheitlichen Weltsicht und inneren Ruhe sich heute noch im Begriff »stoisch« findet. Seine Werke lassen sich nur teilweise rekonstruieren.

• Tragödie: Alle berühmten Tragödien der Griechen stammen von einem der drei Dramatiker Aischylos, Euripides und Sophokles. Von Aischylos (525–456 vor Chr.) sind sieben Stücke erhalten, am bekanntesten: *Sieben gegen Theben*, der letzte Teil einer Trilogie über Ödipus, in der sich dessen Söhne bekriegen. Euripides (ca. 485–406 vor Chr.) gilt als der Psychologe unter den antiken Tragöden. Von ihm besitzen wir noch sechs Stücke. Werke wie *Die Bakchen* werden heute noch oft gespielt; besonders bekannt: *Medea*, wo die betrogene Kolcherin, um ihren Mann zu strafen, ihre gemeinsamen Kinder tötet. Der Dunkelste der drei ist Sophokles (497–405 vor Chr.). Er wurde unsterblich mit *Antigone* und *Elektra.* Beim attischen Tragödienwettstreit hat er mit dreißig Tetralogien mindestens zwanzig Mal gesiegt. Überlebt haben von ihm sieben Stücke.

• Komödie: Aristophanes (ca. 450–ca. 380 vor Chr.) verspottet mit teils sehr derben Späßen seine Umwelt und macht auch vor der großen Politik nicht halt. Besonders bekannt von ihm sind *Die Wolken* und *Die Vögel.* Letztere werden heute noch aufgeführt; darin begeben sich zwei unzufriedene Athener ins Reich der Vögel und errichten mit diesen eine Stadt in den Wolken, die die Kommunikation zwischen Menschen und Göttern kontrolliert. Von Menander (342–290 vor Chr.) kennt man vor allem die Charakterkomödie *Griesgram*. Seine Stücke, die ein festgelegtes Repertoire an Stereotypen boten, wurden später erfolgreich von Plautus ins Lateinische übertragen.

• Geschichtsschreibung: Die Römer nannten Herodot (ca. 490–ca. 424 vor Chr.), den ältesten der großen griechischen Historiker, den »Vater der Geschichtsschreibung«. In seinen ausführlichen *Historien* beschreibt er, wie Persien im sechsten Jahrhundert vor Chr. zur Weltmacht wird, bis die Griechen ihre Perserkriege beginnen. Herodot recherchierte lange für sein Werk, und es gelingt ihm, auch komplizierte Sachverhalte aufzuarbeiten. Das Werk des Thukydides (ca. 455–ca. 396 vor Chr.) heißt *Der Peloponnesische Krieg*, und genau darum geht es bei ihm, ebenfalls sehr ausführlich. Er deckt Zusammenhänge auf und verliert auch in kleinsten Details nicht den Blick fürs große Ganze.

• Wissenschaft: Der berühmte Arzt Hippokrates (ca. 460–ca. 370 vor Chr.) hinterließ eine ganze Menge Schriften wie *Über die Säfte*, *Über Kno-*

chenbrüche, *Über die Drüsen* u. v. m. Noch heute gilt der Eid, den er für die Ärzteschaft verfasste. Euklid (ca. 360–ca. 280 vor Chr.) war der bedeutendste Mathematiker seiner Zeit. Seine bekannteste Schrift, *Die Elemente*, in der er die mathematischen Erkenntnisse seiner Zeit zusammenfasst, wurde bis ins neunzehnte Jahrhundert als Lehrbuch verwendet und gilt als bis dahin zweitgrößter Bestseller aller Zeiten nach der Bibel.

Marmor und Keramik

Das höchste Ideal der Griechen war die Ästhetik. Ganz besondere Ausprägung fand diese natürlich in der bildenden Kunst. Im Laufe der Jahrhunderte verfeinerten die griechischen Bildhauer ihre Technik so sehr, dass die Darstellung menschlicher Körper nahezu lebensnah wurde. Sie entdeckten beispielsweise, dass eine noch so perfekte Anatomie trotzdem unrealistisch wirken kann, wenn die Figur komplett starr scheint. Stattdessen gingen sie dazu über, leichte Bewegungen anzudeuten, zum Beipsiel durch den sogenannten »Kontrapost«, die Betonung eines Stand- und eines Spielbeins, was die Gewichtsverhältnisse besser ausgleicht (man denke nur an Michelangelos antikisierenden *David* in Florenz, der dieses Prinzip ebenso verwendet wie Polyklets *Speerträger*).

Der Mythos von Pygmalion, der sich in die von ihm geschaffene Statue verliebt, die dann lebendig wird, ist also nicht allzu weit hergeholt. Bestaunen Sie nur einmal die Kunstfertigkeit eines so berühmten Bildhauers wie Praxiteles (viertes Jahrhundert vor Chr.), der durch seine *Knidische Aphrodite* (Rom, Kopie) unsterblich wurde, oder die *Venus von Milo* (Louvre).

Der *Diskuswerfer* des Bildhauers Myron ist eine andere sehr bekannte griechische Skulptur, diese war allerdings nicht aus Marmor wie die zwei erstgenannten, sondern aus Bronze. Das Original ist nicht erhalten, aber zum Glück gab es die Römer. Diese dachten sich: »Besser gut kopiert als schlecht nachgemacht«, und so kopierten sie den *Diskuswerfer* und ließen ihn in Marmor hauen. Viele griechische Bronzestatuen haben dank der Römer überlebt, aber eben nur in Marmor. Im

Laufe der letzten zweitausend Jahre hat es immer wieder jemanden gegeben, der Metall brauchte, und eine bronzene Figur lässt sich nun einmal wunderbar einschmelzen. Eine Figur aus Marmor kann man nicht so einfach weiterverarbeiten.

Ein anderes, ganz besonderes und überdies sehr reichhaltiges Vermächtnis der griechischen Kunst ist die Keramik. Über die verschiedenen Stile der Vasen, die zu Zehntausenden bis in die Neuzeit überlebt haben, lässt sich die Entwicklung der gesamten griechischen Kunst verfolgen. Die Vasen des geometrischen Stils, etwa zwischen 900 und 700 vor Chr., sind noch (wie der Name schon sagt) von geometrischen Mustern geprägt. Mit der schwarzfigurigen Vasenmalerei (siebtes bis fünftes Jahrhundert vor Chr.) wurden die Motive figürlich. Ihren Namen hat sie daher, dass die Figuren mit schwarzer Farbe auf die rote Keramik gemalt wurde. Bei der diffizileren rotfigurigen Vasenmalerei (ab dem sechsten Jahrhundert vor Chr.) war die Farbe immer noch schwarz, dafür wurden nun die darzustellenden Motive beim Bemalen der Keramik ausgespart. Gerne stellte man mythische Motive dar – es gibt kaum eine Szene der griechischen Mythologie, die nicht auf einer Vase verewigt ist.

Es gab auch eine figürliche Malerei abseits der Keramik; leider hat sich davon nicht allzu viel erhalten. Ein paar schöne Beispiel, die man heute noch sehen kann, gehören zur Kunst der Kykladeninseln und finden sich auf Santorini, wo eine ganze frühgriechische Stadt wie Pompeji in Italien durch einen Vulkanausbruch verschüttet wurde und jetzt nach und nach freigelegt wird. Mit kräftigen Farben bemalt waren übrigens auch, wie man heute weiß, die meisten Marmorskulpturen – genau wie die antiken Tempel.

Tempel und Theater

Zu den größten Errungenschaften der Griechen gehört ihre Architektur. In allen griechischen Urlaubsorten gehören die Überreste der Bauten der Antike zu den meistbesuchten Sehenswürdigkeiten. Dabei folgte die Baukunst strikten Vorgaben. Aus welcher Epoche ein Tempel stammt, kann man zum Beispiel anhand der Säulenordnung erkennen: Die Säulen dorischer

Tempel (ab dem siebten Jahrhundert vor Chr.) sind schlicht und wirken massig, ohne Basis und mit einfachem Kapitell ohne jeden Schmuck. Ionische Säulen (ab dem sechsten/fünften Jahrhundert vor Chr.) sind etwas schlanker, haben eine Basis und am Kapitell schneckenförmige Verzierungen, die sogenannten Voluten. Die korinthischen Säulen (ab dem fünften/vierten Jahrhundert vor Chr.) erkennt man ebenfalls gut am Kapitell, das mit stilisierten Akanthusblättern verziert ist. Die Proportionen eines Tempels und die Anordnung der Säulen folgten bis ins kleinste Detail strengen Regeln der Symmetrie und teilweise denen des »Goldenen Schnitts« (zum Beispiel der Parthenon auf der Athener Akropolis).

Die älteste Aufzählung der Sieben Weltwunder entstand etwa 100 vor Chr. in Griechenland. Es war eigentlich nur eine Liste der größten Sehenswürdigkeiten, die man in fremden Ländern bestaunen konnte. Die damaligen Weltwunder waren: die Pyramiden von Gizeh, die Stadtmauer und die hängenden Gärten von Babylon, das Grab Maussolos' II. in der heutigen Türkei, die

Zeusstatue von Olympia, der Koloss von Rhodos und der Artemistempel von Ephesos. Als man in der Spätantike die Stadtmauer von Babylon (von der man einen Teil, das Ischtar-Tor, heute in Berlin bewundern kann) nicht mehr kannte, ersetzte man sie in der Liste durch den Leuchtturm von Alexandria – damit waren vier von sieben Weltwundern griechisch.

Der Artemistempel von Ephesos galt mit Recht als Weltwunder, denn er war der größte Tempel der Antike überhaupt. Hundert Jahre dauerte sein Bau, er war mit 115 mal 55 Metern groß wie ein Fußballfeld, und seine Säulen maßen ganze 19 Meter. Leider ist heute nichts mehr davon übrig als eine einsame Säule. Dafür hat man andere großartige griechische Tempel, die heute noch fast unversehrt an Ort und Stelle stehen, so den Concordia-Tempel in Agrigent oder der Parthenon auf der Akropolis in Athen. Dieser war vor allem für seine kunstvollen Skulpturen an den Friesen der Stirnseiten berühmt, die heute größtenteils im British Museum in London stehen, sehr zum Ärger der Griechen.

Neben den Tempeln sind es vor allem die großen Theaterbauten, die man mit griechischer Architektur in Verbindung bringt. Das beeindruckendste Theater findet man heute in Epidauros am Saronischen Golf, mit fünfzehntausend Plätzen. Wie vielerorts ist hier der halbrunde Zuschauerraum gut erhalten, das Bühnenhaus (*skene*) jedoch größtenteils verschwunden. Die Akustik ist so gut, dass man noch in den obersten Rängen hört, was unten auf dem runden Tanzplatz (*orchestra*) gesprochen wird.

Olympia und Dionysos

Und was taten die alten Griechen sonst noch in ihrer Freizeit? Wenn die Oberschicht Athens sich nach Feierabend traf, dann oft und gerne zum Symposion, bei dem man zusammen aß, sich unterhielt, Diskussionen führte, Wein trank, Lieder sang und manchmal auch Sex mit Prostituierten (Hetären) hatte. Es gab aber auch Freizeitbeschäftigungen, die einen weitaus formelleren Charakter hatten – vor allem, weil sie mit der Religion in Verbindung standen. Und weil es sich um Wettkämpfe handelte.

Auch wenn er in der Freizeit stattfand, so war der Sport in Griechenland doch eine ziemlich ernste Angelegenheit. Die Körperertüchtigung stand ganz oben auf dem Programm heranwachsender Jungen; trainiert wurde stets nackt, im Gymnasion (*gymnos* = »nackt«). Die bedeutendste Sportveranstaltung waren die alle vier Jahre stattfindenden Olympischen Spiele. Sie waren so wichtig, dass man in ganz Griechenland Jahreszahlen nach den »Olympiaden«, dem Zeitraum zwischen den einzelnen Spielen, angab. Die Spiele in der Stadt Olympia waren Zeus' Mutter Rhea geweiht. Es gab mehrere große Bestechungsskandale bei Olympia; die überführten Missetäter mussten die Aufstellung großer Bronzestatuen vor dem Wettbewerbsgelände finanzieren. Bei den Spielen gab es diverse Disziplinen in Leichtathletik, Kampf- und Pferdesport. Der Sieger erhielt einen Ölzweig, man kämpfte also vor allem um den Ruhm. Teilnehmen durften nur freie männliche Bürger. Neben den Olympischen gab es noch die Pythischen Spiele (Delphi), die Nemeischen Spiele (Nemea) und die Isthmischen Spiele (Korinth) – alle vier Veranstaltungen zusammen nannte man »Panhellenische Spiele«.

Das jährlich stattfindende Fest zu Ehren des Weingottes Dionysos, die sogenannten Dionysien, bot fröhliche Umzüge und Prozessionen durch Athen, ähnlich dem heutigen rheinischen Karneval. Es hatte aber auch eine durchaus wichtige kulturelle Komponente: Bei den Dionysien gab es Aufführungen von Tragödien und Komödien nach einem festen Ritual und im Format eines Wettkampfs. Sie fanden im Dionysostheater am Fuße der Akropolis statt, dessen Überreste man heute noch bewundern kann; achtzehntausend Zuschauer hatten darin Platz. Mehrere Autoren zeigten dort nacheinander je drei Tragödien (die oft thematisch eine Einheit bildeten) und ein Satyrspiel (das satirische Züge hatte und wohl zur Auflockerung bei all der schweren Kost diente) – alles neue Werke, die hier ihre Uraufführung erlebten. Am Schluss wurde ein Sieger gekrönt.

Rom: Mythos und Geschichte

Die Römer hatten nur wenige Götter, die tatsächlich ihre eigenen waren. Zwar gibt es diverse Unterschiede zwischen Griechen und Römern, was die Religion und ihre Ausübung betrifft, aber das Göttersystem übernahmen sie von ihren Nachbarn im Osten, und zwar schon vor der Annektierung Griechenlands. Es gab schon im sechsten Jahrhundert vor Chr. bedeutende griechische Kolonien auf der italischen Halbinsel, und so entstand der Mythenschatz der Römer aus den Erzählungen der Etrusker im Norden Roms und der Griechen im Süden. Immerhin war die griechische Kultur die Leitkultur ihrer Zeit, und fast alles, was die Römer an bildender Kunst und Literatur schufen, hatte direkte griechische Vorbilder.

Jupiter, Vesta & Co.

Die römischen Götter haben zumeist eigene Namen, aber die Funktionen gleichen im Großen und Ganzen denen der entsprechenden griechischen Götter. Hier die römischen Namen der zwölf griechischen Hauptgötter: Aus Zeus wurde Jupiter; aus Hera wurde Juno; aus Poseidon wurde Neptun; aus Hades wurde Pluto; aus Athene wurde Minerva; aus Artemis wurde Diana; aus Aphrodite wurde Venus; aus Hermes wurde Merkur; aus Ares wurde Mars; aus Hephaistos wurde Vulkan; aus Hestia wurde Vesta. Nur Apollon durfte seinen Namen behalten – als Apollo.

Wirklich *eigene* Götter hatten die Römer nur wenige; der wichtigste war Janus, der zweigesichtige Gott von Anfang und Ende, Ein- und Ausgang. Daneben verehrten sie die Laren (Schutzgeister von Haus, Hof und Familie) und die Penaten (Schutzgeister des Haushalts und der Vorratskammern). Der älteste römische Kult war der der Vesta. Er reichte zurück bis ins siebte Jahrhundert vor Chr. Für den Kult zuständig waren die sogenannten Vestalinnen – Priesterinnen, die ihr ganzes Leben lang keusch bleiben mussten. Für den Kult ausgewählt zu werden, war eine große Ehre, und jeden, der sich an einer der Vesta-Jungfrauen verging, erwarteten schwere Strafen. Zum Vesta-Kult gehörte ein markanter kreisförmiger Tempel auf dem Forum Romanum. Darin brannte ein »ewiges Feuer«, dessen Verlöschen schwerwiegende Folgen für Roms Schicksal bedeutete. Ausschließlich Vestalinnen hatten Zugang zum Tempel, und sie hüteten dort Gegenstände, die der Sage nach Aeneas bei seiner Flucht aus Troja mitgebracht hatte.

Rom kriecht aus dem Ei

Der wichtigste römische Mythenkreis war derjenige, der mit der Gründung der Stadt zu tun hatte. Die einzelnen Mythen sind äußerst blutig (bezeichnend für eine Stadt, die die halbe Welt eroberte). Nach seiner Flucht aus Troja im Anschluss an den Trojanischen Krieg landet der Troer Aeneas, Sohn der Göttin Venus, nach langer Irrfahrt schließlich in Italien, genauer: in Latium. Er schließt einen Vertrag mit König Latinus und heiratet Lavinia, dessen Tochter, was zu einer Auseinandersetzung mit deren vorherigem Verlobten Turnus führt, dem König der Rutuler. Turnus und Latinus sterben im Kampf. Aeneas' Sohn Ascanius gründet später die Stadt Alba Longa.

Wieder einige Zeit später: Rhea Silvia ist die Tochter von Numitor, dem König von Alba Longa. Als dessen Bruder Amulius den König und seine männlichen Nachkommen tötet und die Macht an sich reißt, macht er Rhea Silvia zur Vestalin – sie darf also keine Kinder bekommen. Trotzdem zeugt sie mit dem Kriegsgott Mars zwei Söhne, die Zwillinge Romulus und Remus. Nach ihrer Geburt lässt Amulius die Zwillinge in einem Korb im Tiber aussetzen, damit sie sterben, aber der Korb wird ans Ufer gespült; die Zwillinge werden von einer Wölfin gesäugt und später von einem Hirten aufgezogen. Als sie erwachsen sind, sorgen sie dafür, dass Alba Longa wieder dem rechtmäßigen Herrscher zufällt, Rhea Silvias Vater. Dann gründen sie ihre eigene Stadt; dabei kommt es zum Zwist, und Romulus tötet Remus. Die neue Stadt trägt Romulus' Namen: Es ist Rom.

Königreich und Republik

Die Römer zählten ihre Jahre ab der (mythischen) Gründung der Stadt durch Romulus und Remus am 21. April 753 vor Chr. Inzwischen hat man Spuren einer weit früheren Besiedlung gefunden, auf dem Palatin, einem der sieben Hügel, die zum römischen Stadtgebiet gehören; die anderen heißen Aventin, Kapitol, Caelius, Viminal, Quirinal, Esquilin. Sie sind alle etwa fünfzig bis sechzig Meter hoch. Der Kapitol war der wichtigste Hügel: Ursprünglich stand hier eine Burg, die Roms Bewohnern bei Angriffen Schutz bot, und später das wichtigste Heiligtum, der Tempel der Kapitolinischen Trias (Jupiter, Juno und Minerva).

Zu Beginn war Rom ein Königreich, das noch stark von der älteren etruskischen Zivilisation beeinflusst war. Ende des sechsten Jahrhunderts vor Chr. entschied man sich jedoch für ein anderes Regierungssystem. Die Römer setzten den letzten römischen König, Tarquinius Superbus, ab und begründeten die römische Republik, die fast fünfhundert Jahre lang bestehen sollte.

Fortan gab es einen Senat, der für die Rechtsprechung zuständig war, und zwei jeweils für ein Jahr gewählte Konsuln, die ihm vorstanden und die sich gegenseitig kontrollierten – ein wirksames Mittel gegen Machtmissbrauch durch Einzelne. Es gab ein starres Klassensystem: An unterster Stelle standen die Sklaven, die juristisch als Gegenstand galten, mit dem der Besitzer verfahren konnte, wie er wollte, und die kein Bürgerrecht besaßen. Dennoch waren Sklaven (anders als in Griechenland) ein extrem wichtiger Wirtschaftsfaktor, und da nur hart arbeiten kann, wer ausreichend isst und trinkt, ging es vielen Sklaven sogar besser als ärmeren römischen Bürgern. Zudem erhielten sie in der Regel einen kleinen Lohn, den sie sparen konnten, um sich irgendwann selbst freizukaufen. Die Plebejer waren freie römische Bürger der Unterschicht, die über das Amt des Volkstribuns immerhin einen gewissen Anteil an der Legislative hatten. Zur Oberschicht gehörten der Ritterstand, die Senatoren und die Patrizier, alteingesessene römische Adelsfamilien wie die Julier oder die Claudier.

Im dritten Jahrhundert vor Chr. führte Rom sein wichtigstes Zahlungsmittel ein, den Sesterz. Zuvor war die Hauptmünze das As gewesen; die neue Münze war 2½ As wert (daher der Name: *semis tertius* = »der Dritte halb« = »zweieinhalb«, Währungssymbol: IIS). Zunächst war der Sesterz aus Silber, später aus Bronze, noch später aus Kupfer und Zink. Im selben Jahrhundert begann eines der schwierigsten Kapitel in der römischen Geschichte: die Auseinandersetzungen mit der nordafrikanischen Phönizierstadt Karthago, die ihr Einflussgebiet immer mehr ausweitete. Die Kriege zwischen Rom und Karthago nennt man die Punischen Kriege.

Der Erste Punische Krieg (264– 241 vor Chr.) fand vor allem zu Wasser statt und endete mit der Eroberung Siziliens durch die Römer, die den Karthagern kurze Zeit später auch Sardinien und Korsika abtrotzten. Der Zweite Punische Krieg (218–202 vor Chr.) begann mit Hannibals Marsch über die Alpen (mit Kriegselefanten), via Spanien und Südfrankreich. Hannibal gewann mehrere Schlachten auf italischem Boden, verfügte aber nicht über die Ressourcen, Rom zu zerstören. Rom seinerseits sandte eine Armee nach Nordafrika, die unter der Leitung von Scipio 202 vor Chr. den Karthagern eine empfindliche Niederlage beibrachte. Der Dritte Punische Krieg (149–146 vor Chr.) brachte schließlich die vollständige Zerstörung Karthagos. Der große Staatsmann Cato der Ältere, der angeblich jede seiner Reden im Senat mit den Worten beendet haben soll: »Übrigens bin ich der Meinung, dass Karthago zerstört werden muss«, erlebte dies leider nicht mehr, er starb ein paar Jahre zuvor. Lange Zeit erzählte man sich sogar, die Römer hätten auf dem Gelände der zerstörten Stadt Salz verstreut, damit der Boden unfruchtbar würde. Das ist aber nicht durch Quellen belegt.

Sechzig Jahre Bürgerkrieg

Durch die Kriegsbeute der Punischen Kriege waren einige Römer sehr reich geworden, und es waren unzählige Kriegsgefangene als Sklaven ins Land gekommen. Viele reiche Großgrundbesitzer steigerten durch die billige

Sklavenarbeit ihre landwirtschaftlichen Erträge auf Kosten kleinerer Bauern, die nun gezwungen waren, sich Arbeit in der Stadt zu suchen. Rom wuchs und wuchs, aber die Veränderungen in der Gesellschaftsstruktur brachten auch Unruhen mit sich. Es gab mehrere erfolglose Sklavenaufstände, am bekanntesten wohl der des Spartacus, nach dessen Niederschlagung dreitausend Sklaven gekreuzigt wurden. Anfang des ersten Jahrhunderts vor Chr. kam es zum sogenannten Bundesgenossenkrieg (91–88 vor Chr.), bei dem diverse italische Stämme gegen Rom kämpften, weil ihnen das römische Bürgerrecht verweigert wurde; am Ende setzten sie sich tatsächlich durch.

Doch bald gab es neuen Ärger: Der erfolgreiche adlige Feldherr Sulla brach einen Bürgerkrieg vom Zaun und schwang sich 82 vor Chr. mit Unterstützung des Senats zum Diktator auf; seine politischen Feinde erklärte er zu Tausenden für vogelfrei und ließ sie ermorden, sogar Senatoren und andere Aristokraten. 80 vor Chr. trat Sulla überraschend von seinem »Amt« zurück, aber der Weg zurück zur republikanischen Normalität war lang. Erst 70 vor Chr. schafften die Konsuln Crassus und Pompeius viele von Sulla erlassene Gesetze wieder ab.

Der Aufstieg des Populisten Julius Caesar begann, und 60 vor Chr. bildeten Pompeius, Crassus und Caesar ein inoffizielles Triumvirat, das den Staat lenkte. Während das Imperium weiter expandierte und Caesar in den fünfziger Jahren vor Chr. außer Landes war, um Gallien zu erobern, zerbrach das Triumvirat durch den Tod des reichen Crassus; General Pompeius regierte Rom nun sozusagen im Alleingang, war aber aufgrund außenpolitischer Erfolge sehr beliebt beim Volk.

49 vor Chr. kehrte Caesar mitsamt seiner Armeen aus Gallien nach Rom zurück. Er missachtete vorsätzlich das Gesetz, dass keine Armee unter Waffen den norditalischen Grenzfluss Rubikon überschreiten durfte, und nahm Rom mit Gewalt; Pompeius und die ihm ergebenen Senatoren flohen. Im Jahr darauf besiegte Caesar Pompeius in der Schlacht bei Pharsalos. Nun ließ Caesar sich in Rom zum Diktator ernennen, und bis 45 vor Chr. besiegte er rund ums Mittelmeer

noch die letzten Pompeius-Anhänger. In Rom wuchs indes die Unzufriedenheit unter den Senatoren, die um den Bestand der Republik fürchteten. Es kam zu einer Verschwörung, und an den »Iden des März« (= 15. März) 44 vor Chr. wurde Caesar ermordet. Doch die Republikaner freuten sich zu früh – die Republik ließ sich nicht retten.

Marc Anton trat Caesars politisches Erbe an, und es gelang ihm, die öffentliche Meinung gegen die Verschwörer zu lenken und Caesar verherrlichen zu lassen. Es kam zu erneuten bürgerkriegsähnlichen Szenen zwischen Marc Anton und Brutus, einem der Vordenker des Attentats auf Caesar. Die Caesar-Gegner, unter anderem Cicero, wurden einer nach dem anderen ermordet. Allerdings war da auch noch Caesars Großneffe, Octavius (den erst die Nachwelt »Octavian« getauft hat). In seinem Testament hatte Caesar verfügt, dass der achtzehnjährige Octavius postum von ihm adoptiert und sein Alleinerbe wurde.

Marc Anton, Octavius und Lepidus bildeten ein neues, diesmal offizielles Triumvirat. Als dieses aber zerbrach, kam es zum offenen

Machtkampf. Octavius besiegte Marc Anton 31 vor Chr. bei der Schlacht von Actium, und zurück in Rom war er de facto Alleinherrscher des Römischen Reichs.

Diktator und Friedensfürst

Octavius ging sehr geschickt vor: Er ließ sich ganz bewusst nicht »König« nennen und stellte rein technisch gesehen sogar die republikanischen Strukturen wieder her, ließ sich aber vom Senat weitgehende politische und militärische Machtbefugnisse übertragen. Immerhin konnten die Senatoren dabei den Schein waren. Zum Dank verliehen sie ihm im Jahre 27 vor Chr. den Ehrentitel »*Augustus*« (»der Erhabene«).

Unter Augustus kam Rom endlich zur Ruhe. Die Bürgerkriege waren vorbei, und es setzte eine Zeit der innen- wie außenpolitischen Stabilität ein: der »augusteische Frieden« (*pax Augusta*). Natürlich gab es auch kritische Stimmen, und es gab mindestens zwei Verschwörungen, die zum Ziel hatten, Augustus zu beseitigen und die Republik zu erneuern. Beide scheiterten, und nahe Angehörige bezahlten dafür: So verbannte Augustus 2 nach Chr. seine eigene Tochter auf Lebenszeit auf eine einsame Insel, wahrscheinlich weil sie an einem Putschversuch beteiligt war. Noch größeren Ärger gab es bald auf außenpolitischer Ebene: Im Jahre 9 nach Chr. kam es in Germanien zur Varusschlacht, bei der drei römische Legionen aufgerieben wurden – ein Schock für die Römer, die fortan nicht mehr versuchten, Germanien zu erobern.

Als Augustus 14 nach Chr. starb, übergab er die Macht an seinen Stiefsohn Tiberius, und die Namen »Augustus« und »Caesar« wurden ab sofort zu offiziellen Titeln für den römischen Kaiser. Der Senat hatte nur noch eine beratende Funktion, die Republik machte endgültig dem römischen Kaiserreich Platz.

Einige Kaiser, die herausstechen: Caligula (reg. 37–41 nach Chr.) war so unbeliebt, dass er von seinen eigenen Leibwächtern umgebracht wurde. Nero (reg. 54–68 nach Chr.) ließ seine Mutter ermorden, kümmerte sich mehr um die Kunst als ums Regieren und beging Selbstmord, nachdem er gestürzt wurde. Trajan (98–117 nach Chr.)

eroberte zahlreiche große Gebiete; unter ihm erreichte das Imperium im Jahre 117 nach Chr. seine größte Ausdehnung – von Schottland bis Mauretanien, von Ägypten bis ans Kaspische Meer. Ein Zeichen der Befestigung der Grenzen war der »Hadrianswall« in Britannien, den Kaiser Hadrian (reg. 117–138 nach Chr.) errichten ließ, der ein Faible für Architektur hatte.

Römer gegen Christen

Das gesamte Mittelmeer war römisch. Als Folge wurde die Stadt Rom selbst immer multikultureller. Elemente fremder Religionen wurden in die römische integriert oder als eigene Kulte von Römern gefeiert. Eine besonders stark wachsende Glaubensrichtung stieß jedoch auf immer mehr Kritik: eine jüdische Sekte, die Jesus Christus für den Sohn Gottes hielt. Zwar genossen auch die Christen weitgehende Religionsfreiheit, doch wenn sie offen der Staatsreligion widersprachen, gab es Ärger. Im ersten Jahrhundert nach Chr. kam es unter Nero und Domitian zu vereinzelten Christenverfolgungen.

Die erste Christenverfolgung, die das gesamte Römische Reich betraf, gab es erst unter Kaiser Decius (reg. 249–251 nach Chr.). Diese diente allerdings *nicht* in erster Linie dazu, dem immer größeren Zulauf der Sekte (die sich mittlerweile als eigene Religion verstand) einen Riegel vorzuschieben, sondern war vor allem als Abwehrmechanismus gegen Bedrohungen von außen gedacht. Der Kaiser wollte alle Kräfte im Reich bündeln, um den Beistand der Götter zu erflehen, schließlich hatten die Römer an allen Grenzen Feinde abzuwehren – Franken, Goten, sasanidische Perser und viele andere. Dabei erlitten sie mitunter erhebliche Niederlagen, an einigen Orten wie dem syrischen Palmyra erhob sich eine komplette Stadtbevölkerung gegen die römische Herrschaft.

Das Reich bröckelte. In Rom kamen die meisten Kaiser nur noch mit Hilfe des Militärs auf den Thron, es war die Ära der sogenannten »Soldatenkaiser«. Im Laufe des dritten Jahrhunderts nach Chr. gab es (inklusive Usurpatoren und Gegenkaiser) 56 verschiedene römische Kaiser.

Zenturio und Schildkröte

Dass Rom ein regelrechtes Weltreich erobern konnte, lag vor allem an der Disziplin und dem Organisationstalent des römischen Volkes – Eigenschaften, die maßgeblich waren für die Effizienz seines gut strukturierten Militärapparats. Zeitweilig dienten im römischen Heer an die 165.000 Mann. Die Berufssoldaten waren ausschließlich römische Bürger, mussten mindestens zwanzig Jahre alt sein und durften während ihres Militärdienstes nicht heiraten. In der Kaiserzeit diente man fünfundzwanzig Jahre in der Armee, dann konnte man sich zurückziehen und erhielt eine Abfindungszahlung oder ein Stück Land. In den Provinzen war die Armee zur Sicherung der Grenzen da und zur Expansion des Reichs, aber sie wurde auch im Inneren eingesetzt, zum Beispie, um Aufstände zu unterdrücken.

Die römische Armee

In der Zeit der Republik bestand die römische Armee, noch unter griechischem Einfluss, aus sogenannten Manipel-Legionen mit verschiedenen Waffengattungen, die alle verschieden ausgerüstet waren. Erst im Laufe des ersten Jahrhunderts vor Chr. wurden die sehr unterschiedlich aufgestellten Legionen umgestaltet und ihre Ausrüstung vereinheitlicht. In der Kaiserzeit bestand das römische Heer aus rund dreißig Legionen. In jeder Legion dienten vier- bis sechstausend schwerbewaffnete Infanteristen, die Legionäre. Sie waren in zehn Kohorten eingeteilt, die wiederum aus sechs Zenturien bestanden, jede etwa achtzig Mann stark. Jeder Zenturie stand ein Zenturio vor, der gesamten Legion manchmal auch ein Legat.

Zu einer Legion gehörten zusätzlich Spezialisten wie Sanitäter, Handwerker, Schreiber, Ingenieure oder Musiker sowie pro Legion 120 Reiter, die aber selten am Kampf teilnahmen, sondern eher der Logistik dienten. Außerdem führte jede Legion ein besonderes Feldzeichen mit, den sogenannten »Legionsadler«, der hohe symbolische Kraft besaß. Fiel er in die Hand von Feinden, war es eine ungeheure Schmach, und es wurden ganze Feldzüge geführt, nur um einen solchen Adler wiederzuholen.

Kam es zur Schlacht, gab es verschiedene vorgegebene Taktiken und Formationen, in denen gekämpft werden musste. Die bekannteste ist sicherlich die »Schildkröte«: Dabei hielten die Legionäre als dicht zusammenstehender Block ihre Schilde über bzw. neben oder vor sich, um Geschosse abzuwehren. Eine Darstellung der »Schildkröte« ist auf der Trajanssäule in Rom zu sehen. Daneben gab es zum Beispiel den »Keil«, bei dem die Soldaten in Dreiecksformation angriffen.

Ausgestattet waren die Legionäre mit einem rechteckigen Schild (*scutum*), einem Wurfspieß (*pilum*) und einem Kurzschwert (*gladius*). Mit Helm, Rüstung und Gepäck schleppte ein Legionär insgesamt 45 Kilo mit sich herum.

Wenn eine Legion unterwegs war, beispielsweise auf einem Feldzug, wurden unterwegs befestigte Lager angelegt, deren Lageplan einem festen Muster folgte. Blieb eine Legion länger vor Ort, etwa um eine Grenze zu sichern, wurde das Lager weiter ausgebaut, zunächst mit Holz, später auch mit Stein. Viele Städte wie Bonn oder Mainz sind um ehemalige römische Militärlager herum entstanden.

Der *limes* ist ein ganz besonderes Beispiel für die Leistung der Militäringenieure. Er diente der Grenzsicherung, mit einer Palisade aus Holzpfählen (später mit Graben und Wall) und zahlreichen Wachtürmen, die in bestimmten Abständen errichtet wurden. Am *limes* patrouillierten römische Soldaten. Am bekanntesten ist der »Obergermanisch-Raetische Limes«, der seit 2005 zum Weltkulturerbe der UNESCO gehört: Auf über fünfhundert Kilometern können Archäologen die Lage dieser Grenze verfolgen. Er entstand im Nachhall der Varusschlacht, nachdem sich die Römer damit abgefunden hatten, dass sie das Gebiet der Germanen nicht mehr erobern würden. Dann wollten sie wenigstens die Grenze gut im Auge behalten. Natürlich war der *limes* kein unüberwindbares Hindernis wie die Berliner Mauer und sollte es, wie man heute weiß, auch gar nicht sein. Vielmehr diente er der Übersicht über den Grenzverkehr und der Kontrolle des Warenverkehrs.

Bedeutende Schlachten

Im Jahr 216 vor Chr. besiegte Hannibal in der Schlacht von Cannae (Apulien) sechzehn römische Legionen. Hannibal verfügte über etwa fünfzigtausend Soldaten, die Römer unter Aemilius Paullus und Varro über achtzigtausend; trotzdem siegte der Karthager aufgrund seiner überragenden Strategie.

In der Schlacht bei Carrhae (Türkei) gelang den Parthern 53 vor Chr. ein entscheidender Sieg über die vier Mal so starken Römer unter Crassus. Die Niederlage war für die Römer umso schlimmer, als sie mehrere Legionsadler verloren. Es bedurfte großer diplomatischer Anstrengungen, sie wiederzuerlangen.

52 vor Chr. kämpften die Römer unter Caesar in der Schlacht um Alesia (Frankreich) gegen die zahlenmäßig wahrscheinlich ähnlich aufgestellten Kelten unter Vercingetorix. Zuvor hatten

die Kelten (von den Römern »Gallier« genannt) den römischen Eindringlingen in Gergovia eine empfindliche Niederlage beigebracht – nun siegten jedoch die Römer und brachten Gallien endgültig unter ihre Kontrolle.

Die Schlacht von Pharsalos (Nordgriechenland) im Jahre 48 vor Chr. war eine der entscheidenden Schlachten im Bürgerkrieg zwischen Caesar und Pompeius. Caesar war siegreich, obgleich er mit 22.000 Mann nur halb so viele Soldaten unter sich hatte wie Pompeius. Der unterlegene Pompeius floh nach Ägypten, wurde dort aber verraten; Ptolemaios XIII. überbrachte Caesar den Kopf des Feldherrn.

Im Jahre 31 vor Chr. besiegte Caesars Erbe Octavius (der spätere Augustus) seinen Widersacher Marc Anton und dessen Alliierte Kleopatra in der Seeschlacht bei Actium (Westgriechenland) mit vierhundert Kriegsschiffen. Dieser Sieg führte in letzter Konsequenz zum Entstehen des römischen Kaiserreichs.

Die Varusschlacht nahe des heutigen Bramsche (Niedersachsen) im Jahre 9 nach Chr. war die größte römische Niederlage ihrer Zeit. Drei komplette Legionen mitsamt Hilfstruppen unter Feldherr Quinctilius Varus wurden aus dem Hinterhalt von Germanen angegriffen und nahezu vollständig vernichtet – es gab an die zwanzigtausend Tote. Anführer der Germanen war der Cherusker Arminius, der in der römischen Armee gedient hatte und sogar das römische Bürgerrecht besaß.

Die Zweite Schlacht von Bedriacum (Oberitalien) 69 nach Chr. war die entscheidende Auseinandersetzung im Bürgerkrieg um die Nachfolge von Nero im sogenannten »Vierkaiserjahr«. Dabei schlug Vespasian seinen Herausforderer Vitellius und wurde neuer römischer Kaiser.

Ähnliches geschah 312 nach Chr., als Konstantin I. in der Schlacht an der Milvischen Brücke (nördlich von Rom) den Usurpator Maxentius besiegte; dieser starb im Verlauf der Schlacht. Dabei standen Konstantins vierzigtausend Soldaten mehr als doppelt so vielen auf Seiten Maxentius' gegenüber.

Bücher, Aquädukte und Gladiatoren

Die römische Kultur war vor allem eines: griechisch. Zumindest in ihren Wurzeln. Zusammen mit der griechischen Götterwelt adaptierten die Römer auch die Literatur des älteren Kulturvolks, die bildende Kunst, die Architektur und vieles mehr. Etwas Eigenes erfanden sie vor allem im Bereich eines Segments der Freizeitgestaltung, bei dem es für Leib und Leben gefährlich wurde.

Alles nur geklaut

Die römische Literatur übernahm Genres, Stilmittel und sogar Versmaße von den Griechen. Das älteste uns bekannte literarische Werk der Antike ist Livius Andronicus' lateinische Übersetzung von Homers *Odyssee*. Anders als in Griechenland war die Literatur in Rom eine reine Freizeitbeschäftigung: Wer etwas auf sich hielt, hatte einen »anständigen« Beruf, besonders in der Oberschicht. Es gab zum Beispiel eine festgelegte Ämterlaufbahn, die man abarbeitete, um es in der Politik zu etwas zu bringen. Wer dichten wollte, tat das in der Zeit der Muße, dem *otium*. Gleichwohl lasen die Römer gern und viel. Es gab Verleger und einen Buchhandel, und am Forum Romanum gab es eine eigene Ecke nur mit Buchläden. Manche reiche Römer hielten sich Sklaven, die nur dazu da waren, ihnen aus ihren Büchern vorzulesen. Was in diesen Büchern stand, soll im Folgenden vorgestellt werden.

Historien und Satiren

• Epos: Die älteste literarische Gattung hat auch Vertreter in der römischen Literatur. Und der erste ist ausgerechnet jemand, der sich für die Wiedergeburt von Homer hielt: Ennius (239–169 vor Chr.). Sein Epos *Annalen* ist die erste lateinische Dichtung im Hexameter. Heute ist es nur noch in Fragmenten erhalten. Es stellt die römische Geschichte dar, von ihren mythischen Anfängen bis zur Gegenwart des Dichters. Lange Zeit war Ennius

Standardlektüre in der Schule – bis Vergil (70–19 vor Chr.) seine *Aeneis* schrieb, ein Epos, das die Irrfahrt des Troers Aeneas durchs Mittelmeer schildert. Vergils Verse führten den lateinischen Hexameter zur Perfektion, und viele halten die *Aeneis* für das wichtigste Werk der römischen Literatur. Leider hat der Dichter es vor seinem plötzlichen Tod nicht mehr ganz fertigstellen können, so dass ein paar Dutzend Verse unvollendet geblieben sind.

Ähnlich einflussreich für die Nachwelt war ein Epos aus der Feder des Ovid (43 vor Chr.–ca. 17 nach Chr.): die *Metamorphosen*. In fünfzehn Büchern stellt Ovid hier über zweihundert Mythen dar, in denen es jeweils um eine Verwandlung geht. Die einzelnen Episoden sind dabei auf äußerst kunstvolle Weise miteinander verknüpft. Die bildende Kunst der Renaissance wäre ohne diesen Mythenschatz unvorstellbar. Ovid wurde 8 nach Chr. von Kaiser Augustus verbannt – warum, weiß man nicht genau. Er konnte die *Metamorphosen* erst aus der Verbannung heraus veröffentlichen.

• Philosophie: Cicero (106–43 vor Chr.) war nicht nur ein bedeutender Politiker, sondern tat viel dafür, die Philosophie in Rom zu etablieren. Dabei führte er neue Begrifflichkeiten ein und schuf eine ganze Reihe neuer Wörter. Das menschliche Ideal war für ihn eine Verbindung aus *humanitas* (Menschlichkeit) und *virtus* (Tugendhaftigkeit). Seine wichtigsten philosophischen Schriften: *Über die Pflichten* und *Über die Grenzen von Gut und Böse*.

Etwa zur selben Zeit lebte Lukrez (ca. 99–55 vor Chr.). Sein Lehrgedicht *Über den Ursprung der Dinge* war eine höchst einflussreiche Darstellung der Grundsätze des griechischen Philosophen Epikur. Um seelische Ausgeglichenheit zu erlangen, so Lukrez, dürfe der Mensch sich nicht vor den Göttern fürchten und dazu am besten gar nicht an sie glauben. Daneben predigte er einen geradezu unrömischen Pazifismus.

Der dritte wichtige Name ist Seneca (ca. 1–65 nach Chr.), ein Vertreter der angewandten Ethik. Seine lebensnahen philosophischen Schriften wie *Über das glückliche Leben* finden sich noch heute in den Geschenkbuchabteilungen, da sie sehr leicht verständlich sind. Senecas Leben fand indes kein glückliches Ende: Er war an einer Verschwörung zum Sturz von Kaiser Nero (dessen Lehrer er war) beteiligt und wurde gezwungen, sich das Leben zu nehmen.

• Geschichtsschreibung: Caesar (100–44 vor Chr.) beschreibt in seinen *Kommentaren zum Gallischen Krieg* seine eigenen Taten in der dritten Person, in einem leicht verständlichen Latein mit geringem Wortschatz. Das Werk ist äußerst tendenziös und diente zur Rechtfertigung des großen Aufwands der Eroberung Galliens. Weitaus anspruchsvoller sind die Werke des Sallust (86–34 vor Chr.) wie *Über die Verschwörung des Catilina*. Er beschreibt und analysiert detailversessen, aber seine Sicht auf die Geschichte ist eher pessimistisch, wie auch seine *Historien* zeigen, die ebenfalls Zeitgeschichte darstellen.

Einen umfassenderen Ansatz hat Livius (ca. 64 vor Chr.–ca. 17 nach Chr.), dessen riesiges Werk *Seit Gründung der Stadt* in 142 Büchern die römische Geschichte bis zur Gegenwart schildert. Alles in allem widmete Livius diesem Mammutprojekt über vierzig Jahre – länger als viele Römer überhaupt lebten. Sueton (ca. 70–ca. 135 nach Chr.) betätigte sich mit seinen *Kaiserbiographien* und dem Werk *Über berühmte Männer* als Biograph: Er beschrieb in einzelnen Abschnitten jeweils das Leben einer berühmten Figur aus der (Zeit-) Geschichte.

Tacitus (ca. 58–ca. 117 nach Chr.) arbeitete wieder ähnlich analytisch wie Sallust: In seinen Werken *Historien* und *Annalen* versucht er historische und politische Hintergründe aufzuarbeiten, anstatt nur Bekanntes oder Gelesenes wiederzukäuen. Außerdem interessant: Tacitus' *Germania*, ein Buch über die kulturellen Eigenarten der Germanen.

• Lyrik: Catull (ca. 85–ca. 54 vor Chr.) gehörte zum Dichterkreis der sogenannten »Neoteriker«, die die anspruchsvollen Gestaltungsprinzipien des Hellenismus übernahmen. Sie waren die ersten Römer, die keinen Beruf ausübten und nur für ihre Dichtung lebten – natürlich nur, weil sie alle ziemlich wohlhabend waren. Catulls Gedichte sind geprägt von tiefem Gefühl und schonungsloser persönlicher Offenheit – bis dato hatte man so etwas in der Dichtung nicht gekannt. Der wichtigste Lyriker Roms war Horaz (65–8 vor Chr.). Seine Gedichte in verschiedenen Versmaßen blieben bis in die Neuzeit äußerst populär. In vielen Werken (zum Beispiel den *Satiren*) setzte er sich auf ironische und witzige Weise mit seiner Umwelt auseinander. Ebenfalls zur Zeit des Augustus lebten Properz (ca. 50–ca.10 vor Chr.) und Tibull (ca. 55–19 vor Chr.), die gefühlvolle *Elegien* schrieben, bei denen es oft um unglückliche Liebe geht. Die Geliebte wird dabei als »Herrin« definiert, der der Dichter in seiner hoffnungslosen »Knechtschaft der Liebe« Untertan ist. Ähnliche Elegien gibt es von Ovid und von Sulpicia (Ende des ersten Jahrhunderts vor Chr.). Sie ist die einzige Frau der römischen Antike, von der Gedichte überlebt haben, und das auch nur, weil man lange glaubte, sie seien von einem Mann geschrieben.

- Unterhaltung: Die Römer lasen nicht nur gern, sie gingen auch, wie die Griechen, gern ins Theater. Die Komödien von Plautus (ca. 250–ca. 180 vor Chr.) sind Nachbildungen griechischer Originale, die bekanntesten: *Der glorreiche Soldat* und *Die Topfkomödie*. Die Komik hat sich bis heute nicht viel verändert – Verwechslungen, Intrigen, Fettnäpfchen, und zwischendurch wurde (wie in der Operette) immer wieder gesungen. Zur Unterhaltungsliteratur zählen lässt sich auch Petron (ca. 14–66 nach Chr.) mit seinem teilweise erhaltenen Roman *Satyricon*, einem Vorläufer des Schelmenromans. Der Leser begleitet darin einen jungen Mann durch allerlei Irrungen und Wirrungen; es ist eine Art Satire auf die *Odyssee*, nur lustiger und schlüpfriger.

Viel Schlüpfriges bieten auch die *Epigramme*, also sehr kurze Gedichte, von Martial (ca. 38–ca. 104 nach Chr.). Er hat diese literarische Kleinstform zur eigenen Kunstform erhoben und dabei über 1.200 Gedichte geschrieben, die zumeist den römischen Alltag beleuchten und Zeitgenossen auf die Schippe nehmen. Genau das ist auch das Anliegen von Juvenal (ca. 60–135 nach Chr.) und seinen *Satiren*. Von ihm stammt das geflügelte Wort: »Es ist schwierig, keine Satire zu schreiben.« Sechzehn Satiren sind von ihm erhalten, mit ganz verschiedenen Themen, die aber allesamt auf ironische Art und Weise Missstände in Rom anprangern.

- Wissenschaft: Vitruv (ca. 70–ca. 10 vor Chr.) hat das zehnbändige Lehrwerk *Über die Architektur* verfasst. Es kann gut sein, dass es schon damals so einflussreich war, dass diverse römische Kaiser es zur Planung ihrer Bauten verwendeten. Celsus (ca. 25 vor Chr.–ca. 50 nach Chr.) war ein berühmter Enzyklopädist und erlangte vor allem als Medizinschriftsteller große Bedeutung. Noch heute gelten die vier von ihm beschriebenen Anzeichen einer lokalen Entzündung. Ob er selbst praktizierender Arzt war, ist umstritten. Ähnlich enzyklopädisch arbeitete Plinius der Ältere (ca. 23–79 nach Chr.), der in seiner *Naturgeschichte* nahezu alles beschreibt, was irgendwie mit der Umwelt des Menschen zu tun hatte – von der Astronomie über die Biologie bis hin zur Geologie und Kunst. Der neugierige Plinius starb beim Ausbruch des Vesuvs 79 nach Chr., als er sich nicht schnell genug vom faszinierenden Naturschauspiel trennen konnte.

Bemalte Wände

Wie bereits erwähnt, bestand die römische Bildhauerei größtenteils aus Kopien der Werke berühmter Griechen. Für die Malerei haben wir jedoch wesentlich mehr römische als griechische Beispiele. Alles deutet darauf hin, dass die Kunst der Wandmalerei nirgends und zu keiner Zeit so weit verbreitet war wie im Römischen Reich in den Jahrhunderten um Christi Geburt herum.

Man kennt diese Malerei vor allem aus Pompeji und Herculaneum, zwei Städten in der Nähe von Neapel, die 79 nach Chr. durch einen Ausbruch des Vesuvs unter meterhoher Asche begraben und ab dem achtzehnten Jahrhundert wieder ausgegraben wurden. Dabei entdeckte man in Wohnhäusern großflächige Fresken in verschiedenen Stilen, die sich in Epochen unterteilen lassen. Ein über mehrere Epochen verbreitetes Stilmittel war es, den Raum größer erscheinen zu lassen, indem man perspektivische Ansichten weiterer Räume oder Nischen auf die Wände malte (Scheinarchitektur). Mitunter zierten diese Wände auch Fresken mit Ausblick in eine ideale Landschaft, als schaue man durch ein Fenster. Ein schönes Beispiel hierfür ist die römische Villa im Dorf Boscoreale bei Neapel, in der ein gemalter Garten mit gemalten Säulen die Wand ziert – so als stünde man statt in einem geschlossenen Raum in einem Säulengang.

Wasser marsch!

In der Architektur übernahmen die Römer, wie in Literatur und Skulptur, das meiste von den Griechen. Ihre Tempel orientierten sich an den architektonischen Gesetzen, denen die Griechen folgten, auch wenn sie minimale Weiterentwicklungen vornahmen. Die eigentliche Leistung der Römer im Bauwesen betrifft vielmehr die Arbeit der Ingenieure und Konstrukteure, die für viele zivilisatorische Errungenschaften verantwortlich sind. Von diesen profitierten auch die Provinzen, die die Römer eroberten.

Das größte Sinnbild römischer Ingenieursleistung: der Aquädukt. Im ganzen Römischen Reich gab es diese zum Teil gewaltigen Wasserleitungen, die zur Versorgung der wachsenden Städte über viele Kilometer Frischwasser transportierten. Wenn die Wasserleitung Täler überwinden musste, konstruierten die Römer riesige Brücken. Eines der beeindruckendsten Exemplare, die man heute noch bestaunen kann, ist der Pont du Gard in Südfrankreich, der 275 Meter lang und fast fünfzig Meter hoch ist und in jeder

Minute 14.000 Liter Wasser zur römischen Stadt Nemausus (heute: Nîmes) transportierte. Viele Aquädukte sind noch gut erhalten, weil sie im Mittelalter immer noch in Betrieb waren und ihre Steine nicht abgetragen wurden, um neue Gebäude zu errichten. Der Aquädukt im spanischen Segovia wurde sogar noch bis in die 1970er Jahre benutzt; er misst rekordverdächtige 728 Meter.

Doch nicht nur dem Wasser halfen die Römer durch Täler und über Flüsse: Sie waren Meister im Brückenbau. Davon zeugen Exemplare wie die 721 Meter lange Römerbrücke im spanischen Mérida mit 62 Bögen (in der Antike war sie sogar über 750 Meter lang) und die berühmte Brücke nahe des spanischen Alcántara, 194 Meter lang und 50 Meter hoch, mit einem Ehrenbogen für Kaiser Trajan in ihrer Mitte. Die einzelnen Steinquader dieser Brücke ruhen aufeinander, ohne dass sie durch Mörtel verbunden sind – eine architektonische Meisterleistung.

Auf der Straße zum Erfolg

Alle Wege führen nach Rom« – an diesem geflügelten Wort war in der Antike viel Wahres dran: Die Römer errichteten mehrere Fernstraßen, die in Rom begannen und in alle Winkel Italiens führten. Bauträger dieser Straßen war der römische Staat; die wichtigsten: *Via Appia* (Rom–Brindisi), *Via Flaminia* (Rom–Ancona), *Via Cassia* (Rom–Toskana), *Via Salaria* (Rom–Adria/Abruzzen), *Via Aurelia* (Rom–Pisa), *Via Aemilia Scaura* (Capua–Reggio Calabria; Abzweigung der *Via Appia*).

Über die befestigten Straßen konnte man Menschen und Güter über weite Strecken transportieren. Sie waren die wichtigste Voraussetzung für die Expansion des Römischen Reichs und die Versorgung der Soldaten in den Provinzen. Zu diesem Zweck wurden außerdem Heerstraßen angelegt, deren Bauträger die Armee war. Zur Zeit der größten Ausdehnung Roms, 117 nach Chr., führten 29 große Heerstraßen von der Hauptstadt in die Provinzen. In der letzten Phase der Kaiserzeit waren die einzelnen Provinzen untereinander durch etwa 370 Fernstraßen verbunden.

Schöner Wohnen

Als Reaktion auf die immer weiter wachsende Bevölkerung Roms konstruierte man mehrstöckige Wohnhäuser, sogenannte *insulae*. Hier wohnten die Menschen auf sechs bis sieben Stockwerken in einfachsten Verhältnissen, meist zur Miete. Unter Augustus wurde ihre Höhe auf rund zwanzig Meter begrenzt, da die Gebäude immer wieder einstürzten. Auch stellten sie ein großes Brandrisiko dar, zumal sich im Erdgeschoss der Gebäude oft kommerziell betriebene Garküchen befanden. Eine eigene Küche hatten die meisten Menschen nicht, ebenso wenig wie ein eigenes Klo.

Ihre Nachttöpfe entleerten die Bewohner in Sammelfässer im Treppenaufgang, diese wiederum schüttete man in die Kanalisation. In Rom gab es mehrere Abwasserkanäle, die in den Tiber mündeten – die älteste ist die *cloaca maxima* aus dem sechsten Jahrhundert vor Chr.; sie ist teilweise noch heute in Betrieb. Allerdings gab es ein Abwassersystem wie in Rom nicht überall – wo es fehlte, kippte man die Nachttöpfe oft einfach aus dem Fenster auf die Straße.

Die reichere Oberschicht wohnte in komfortableren Einzelhäusern, zum Teil sogar mit eigenen Thermen, entweder in der Stadt oder auf dem Land. Viele reiche Römer besaßen eine ländliche *villa* als Freizeitdomizil. Eine römische Villa verfügte in der Regel über mehrere Schlaf-, Wohn- und Speisezimmer, die um einen Innenhof ohne Dach angeordnet waren. Dieses *atrium*, in dem in einem Becken Regenwasser gesammelt wurde, war von einem Säulengang umgeben. Gut erhaltene Beispiele solcher Villen finden sich in Pompeji.

Blutiger Feierabend

Die Römer kannten kein arbeitsfreies Wochenende; frei hatte man nur an Feiertagen. Zum Glück gab es solche Feiertage reichlich, und wenn zum Beispiel ein Feldherr siegreich heimkehrte, bekam die Bevölkerung Roms ein paar freie Tage »außer der Reihe« geschenkt. Um das Volk in seiner Freizeit zu beschäftigen, sorgte man zugleich dafür, dass es während dieser Tage neben ein paar Broten gratis auch Ereignisse gab, die eine große Anziehungskraft auf die Menschen ausübten: Circusspiele und Wagenrennen – also *Brot und Spiele*.

Der Circus Maximus in Rom war die größte Arena aller Zeiten: 600 mal 140 Meter maß die Anlage und fasste bis zu 380.000 Zuschauer. Im ganzen Reich gab es solche Arenen, denn der Besuch eines Wagenrennens gehörte überall zu den beliebtesten Freizeitbeschäftigungen. In Rom fanden an einem Feiertag manchmal zwanzig Rennen statt. Dabei wettete man darauf, dass eine bestimmte (farbig gekennzeichnete) Mannschaft gewann. Wagenlenker gehörten zu den bestbezahlten Sportlern aller Zeiten, manche brachten es im Laufe ihrer Karriere auf Preisgelder in Höhe von mehreren Millionen Sesterzen. Daneben fanden in Arenen wie dem Circus Maximus aber auch Tierhetzen statt – und Gladiatorenkämpfe.

Die Wagenlenker waren berühmt und zum Teil reich, aber die echten Superstars im alten Rom waren die Gladiatoren. Zwar gab es auch Sklaven, die zu Gladiatoren ausgebildet wurden, aber tatsächlich entschieden sich viele freie römische Bürger für eine Karriere in der Gladiatorenschule – so groß waren Ruhm und Ehre, die hier winkten. Berühmt für Gladiatorenkämpfe ist vor allem das Kolosseum, das 80 nach Chr. eröffnet wurde und in das 50.000 Zuschauer passten. Tatsächlich kämpfte man hier oft bis aufs Blut, und die Zuschauer jubelten, wenn einer der Kämpfer tot zu Boden sank. Aber dies war beileibe nicht immer der Fall. Archäologische Funde haben ergeben, dass viele, vielleicht die meisten Kämpfe endeten, bevor einer der Kontrahenten tot war.

Dennoch starben im Laufe Zeit mehrere hunderttausend Menschen im Kolosseum, vor allem, weil dort auch (ebenfalls gut besuchte) öffentliche Hinrichtungen stattfanden, zum Beispiel wenn Verurteilte wilden Tieren zum Fraß vorgeworfen wurden.

Pack die Badehose ein

Eine wichtige kulturelle Funktion hatte auch die Körperpflege: Die Thermen, die öffentlichen Bäder, übernahmen die Römer in Grundzügen ebenfalls von den Griechen, sie entwickelten sie aber zu einer ihrer wichtigsten kulturellen

Einrichtungen weiter. Orte wie Baden-Baden oder Bath (England) erinnern heute noch mit ihrem Namen an bedeutende römische Bäder, die dort einst existierten. In den Thermen gab es Schwitzräume und verschiedene Becken mit kaltem und warmem Wasser. Erhitzt wurden die Räume mittels einer Fußbodenheizung, dem sogenannten Hypokaustum. Man konnte aber nicht nur baden: Es gab in öffentlichen Bädern auch Einrichtungen, wo man Sport trieb, sowie Ruheräume, Massagesalons und sogar Bibliotheken. Ein Besuch in den Thermen dauerte oft mehrere Stunden, vom Nachmittag bis in den Abend.

Eine Thermenanlage der Superlative war die nach Kaiser Caracalla benannte aus dem dritten Jahrhundert nach Chr. Die gesamte Anlage war 100.000 Quadratmeter groß und bot neben der üblichen »Standardausstattung« außerdem noch Kosmetikstudios, Friseursalons, Ladengeschäfte, diverse Gärten und sogar Personalwohnungen. Mit dem Erhitzen des Wassers der riesigen Schwimmbecken in den Caracallathermen waren mehrere Dutzend Sklaven gleichzeitig beschäftigt.

Völker am Rande des Imperiums

An dieser Stelle sollen ein paar Völker vorgestellt werden, die in der Geschichte des Römischen Reichs immer wieder eine Rolle spielten, in erster Linie (wie es bei einem auf Expansion bedachten Reich nicht anders zu erwarten ist) als Gegner.

Gallien

Gallier« ist eine Sammelbezeichnung, die die Römer (und Goscinny/Uderzo) diesem Volk gaben – genau genommen handelte es sich dabei um verschiedene keltische Stämme. Im fünften Jahrhundert vor Chr. gelang es den Kelten, die ursprünglich östlich des Rheins lebten, mit ihren in diesem Teil der Welt neuartigen eisernen Waffen bis zum Balkan und nach Spanien vorzudringen. Um 300 vor Chr. besiedelten sie die britischen Inseln. Die Kelten verfügten über eine reiche Kultur, von der heute noch umfangreiche Schatzfunde zeugen, mit Goldschmuck und kunstvoll geschmiedeten Waffen, die zum Beispiel Häuptlingen mit ins Grab gegeben wurden. Sie waren jedoch auch ein angriffslustiges Volk und überfielen, nachdem sie schon eine Weile in der Po-Ebene gesiedelt hatten, im Jahre 390 vor Chr. sogar Rom. Einige Kelten blieben in Italien und bewohnten das Gebiet nördlich von Mailand. Die Römer definierten den Lebensraum der Kelten fortan als *Gallia cisalpina* (»Gallien diesseits der Alpen«) und *Gallia transalpina* (»Gallien jenseits der Alpen«).

225 vor Chr. gelang es Rom, das »diesseitige Gallien« unter Kontrolle zu bekommen, und 121 vor Chr. wurde der Süden des Galliergebiets jenseits der Alpen von den Römern besetzt. Im Jahrhundert darauf marschierte Caesar unter dem Vorwand, aufständische Stämme befrieden zu wollen, in Gallien ein. Zwischen 58 und 50 vor Chr. eroberte er das gesamte Gebiet des heutigen Frankreich und Belgien bis an den Rhein,

oft indem er keltische Stämme gegeneinander ausspielte. Etwa ein Drittel der Einwohner starb; das Land wurde romanisiert, die keltische Kultur verdrängt. In Britannien hielt sie sich ein wenig länger: Das heutige England eroberten die Römer erst 43 nach Chr. Danach blieb den Kelten immerhin noch Irland, bis die Insel im fünften Jahrhundert nach Chr. christianisiert wurde.

Germanien

Als »Germanen« bezeichneten die Römer zahlreiche kleinere Völker und Stämme (Friesen, Bataver, Cherusker, Ubier, Sugambrer, Sueben), die jenseits von Donau und Rhein lebten und aus römischer Sicht allesamt wilde Barbaren waren, ihrem Aussehen nach ebenso wie ihren Sitten. Im zweiten Jahrhundert vor Chr. wanderten germanische Stämme von Skandinavien aus in Richtung Süden und Osten ab. Goten und Vandalen verdrängten die dort ansässigen Balten ostwärts an die Küste der Ostsee. Andere germanische Stämme breiteten sich noch weiter nach Süden aus und verdrängten die Helvetier, die in die Schweizer Alpen umsiedeln mussten.

Zwei germanische Stämme, die Teutonen und die Kimbern, wagten sich Ende des zweiten Jahrhunderts vor Chr. so weit nach Süden vor, dass in Südfrankreich und Norditalien römische Armeen angriffen. Den Römern gelang es, sie zurückzudrängen, aber dafür entstand so etwas wie eine wechselseitige Abneigung, die Jahrhunderte anhalten sollte. Caesar beschreibt die Germanen augenscheinlich mit mehr Sympathie als die Gallier, aber das hat sicherlich damit zu tun, dass es ihm nicht gelang (und auch sonst keinem römischen Heerführer), auf germanischem Gebiet nennenswerte Eroberungen zu tätigen. Das musste ihm einfach Respekt abnötigen.

Karthago

Die Bewohner Karthagos waren Phönizier – ein semitisches Volk, das von der Levanteküste stammte. Die Phönizier waren schon lange als Volk von Seefahrern und Händlern bekannt, als sie sich etwa um 800 vor Chr. in Karthago (Tunesien) niederließen und ihren ersten eigenen

Flächenstaat gründeten. Die Römer bezeichneten die Einwohner Karthagos als »Punier«, gelegentlich nannten sie so aber auch die Bewohner anderer wichtiger phönizischer Städte wie Tyros (Libanon) oder Agadir (Marokko).

Im Jahre 539 vor Chr. eroberten die Perser die Heimat der Phönizier, so dass Karthago alle Verbindungen nach Osten verlor. In der Folge expandierte Karthago seinerseits und richtete im westlichen Mittelmeer Koloniestädte ein, beispielsweise auf Sizilien, Sardinien und Korsika, vor allem um seine Handelsbeziehungen auszubauen. Die Phönizier waren halt immer noch ein Seefahrervolk. An anderen Orten wie Ibiza waren sie schon hundert Jahre zuvor stationiert. Während der Perserkriege unterstützte Karthago die Perser gegen die Griechen.

Man kann sich denken, dass die Phönizier vor allem mit ihrer Präsenz im Tyrrhenischen Meer den Römern gefährlich nahe kamen. Zwar beschränkte sich Roms Einflussbereich Anfang des dritten Jahrhunderts vor Chr. noch auf die italische Halbinsel, aber um ganz Italien zu kontrollieren, hatten sie bereits die Griechen aus Süditalien vertreiben müssen. Es kam zum Streit um die Vorherrschaft im westlichen Mittelmeer. Zwischen 264 bis 146 vor Chr. gab es drei große Kriege gegen Rom, an deren Ende Karthago komplett zerstört wurde.

Pontos

Roms großer Widersacher im Osten war das Reich Pontos an der Südküste des Schwarzen Meers. Es entstand um 300 vor Chr. herum, als Mithridates I. sozusagen aus dem Nichts eine Königsdynastie begründete, die fast 250 Jahre bestand, bis das Reich unterging. Mithridates war der Sohn des persischen Statthalters des Diadochen Antigonos, eines der Nachfolger Alexanders des Großen. Seinen Namen erhielt das Reich vom Meer, an das es grenzte und das die Griechen *Pontos* nannten. Als die Römer in der ersten Hälfte des zweiten Jahrhunderts vor Chr. Makedonien und Syrien eroberten, war Pontos zunächst um gute Beziehungen zu Rom bemüht.

Das änderte sich unter Mithridates VI., der 120 vor Chr. an die Macht kam. Er vergrößerte sein Reich und eroberte innerhalb der nächsten dreißig Jahre fast alle Gebiete, die ans Schwarze Meer grenzten. Er rückte sogar ans Mittelmeer vor, an die Westküste der heutigen Türkei, bis in die römische Provinz Asia. Die wichtige Hafenstadt Ephesos lief zu Mithridates über, und auf seine Order hin wurden alle in der Region lebenden Römer für vogelfrei erklärt. Er traf auf offene Ohren: Die Bevölkerung dort fühlte sich schon lange ausgebeutet von den Römern, die ihrer Ansicht nach vor allem vor Ort waren, um Steuern zu kassieren. Es kam zu einem regelrechten Blutbad, bei dem mehrere zehntausend Römer innerhalb kurzer Zeit ihr Leben ließen. Als dies in Rom bekannt wurde, setzten die Römer sofort Segel nach Kleinasien, um Mithridates und seinem Machthunger einen Riegel vorzuschieben.

Die Folge waren drei sogenannte Mithridatische Kriege, die erst 63 vor Chr. mit dem endgültigen Sieg der Römer unter Pompeius über Mithridates endeten, der sich mit seinem Heer bis nach Armenien zurückgezogen hatte. Mithridates starb durch das Schwert entweder eines Freundes (den er darum bat, ihn zu töten) oder eines Feindes – man weiß es nicht genau. Sein Königreich wurde zur römischen Provinz.

Christen und Vandalen

Zumeist bezeichnet man als »Spätantike« die Zeit ab der Machtübernahme des Kaisers Diokletian (reg. 284–305 nach Chr.) bis zum Ende der Antike. Eine exakte Definition gibt es für diese Epoche nicht, genauso wenig, wie die Forschung in der Lage ist, sich zu einigen, wann die Antike aufhört und das Mittelalter anfängt. Mit dem Abdanken des letzten Kaisers von Rom 476 nach Chr.? Mit der Schließung der Platonischen Akademie in Athen 529 nach Chr.? Oder mit der arabischen Expansion in den 630er Jahren? Wie dem auch sei: Die Spätantike war eine Übergangszeit, eine Epoche großer politischer, kultureller und religiöser Umwälzungen, im Zuge derer sich erst das Römische Reich aufspaltete und Rom schließlich unterging.

Die Christen kommen

Unter Kaiser Diokletian gab es wie zuvor unter Decius eine groß angelegte Christenverfolgung, doch auch sie konnte den Siegeszug des Christentums nicht mehr aufhalten. Die neue Religion wuchs unaufhaltsam. Schon bald mussten sich die Römer der gesellschaftlichen Realität beugen: 311 nach Chr. wurde die christliche Religion, die zu dieser Zeit vor allem im Osten des Reichs verbreitet war, im sogenannten »Toleranzedikt« des Kaisers Galerius endlich anerkannt.

Der nächste Kaiser, Konstantin I., ging schließlich in die Geschichte ein, als er allen Religionen im Römischen Reich die volle Glaubensfreiheit zusicherte. Die Unterzeichnung einer entsprechenden Erklärung fand 325 nach Chr. auf dem Konzil von Nicäa statt. Ein halbes Jahrhundert später, im Jahre 380 nach Chr. – kurz vor der Spaltung des Römischen Reichs in ein west- und ein oströmisches – unterzeichneten die gleichzeitigen Kaiser Theodosius I., Gratian und Valentinian II. eine Erklärung, die das Christentum zur neuen Staatsreligion machte.

West- und Ostrom

Im Jahr 395 nach Chr. wurde das Römische Reich nach dem Tod von Kaiser Theodosius I. aufgeteilt: Ab sofort gab es einen römischen Kaiser im Westen und einen im Osten. Zum westlichen Reich (Hauptstadt: Rom) gehörten Britannien, das westliche Europa, Italien und das westliche Nordafrika; zum östlichen (Hauptstadt: Konstantinopel, heute: Istanbul) die römischen Gebiete östlich davon. Die Grenze verlief in Europa durchs heutige Serbien und in Afrika durch Libyen. Diese Teilung bestand in anderer Hinsicht schon lange zuvor: Schon vor der Zeitenwende hatte man im Osten des Imperiums Griechisch gesprochen; Latein war und blieb Amts- und Umgangssprache im Westen, und später entwickelten sich aus ihr die romanischen Sprachen (u.a. Italienisch, Spanisch und Französisch).

Konstantinopel löste bald Rom als kulturelle Hauptstadt Europas ab. Die Expansion des Römischen Reichs hatte auch zur Gründung zahlreicher neuer Städte geführt (u.a. Wiesbaden, Salzburg) und zu einem starken Anstieg der Stadtbevölkerung, nicht nur in Rom, sondern genauso in den Provinzen. In der Spätantike gingen die Bevölkerungszahlen vieler Städte stark zurück, durch Angriffe von außerhalb (zum Beispiel in Rom) oder durch Seuchen wie die Pest, die im Jahre 541 nach Chr. Konstantinopel heimsuchte.

Völker auf Wanderschaft

Das Zeitalter der Völkerwanderung (ca. 400–800 nach Chr.) war geprägt von großer soziokultureller Instabilität. Ganze Völker wie West- und Ostgoten, Vandalen, Alanen und Franken verlagerten ihren Standort; Auslöser dafür war der Einfall der zentralasiatischen Hunnen in Europa.

Zunächst wanderten die Westgoten in römische Gebiete ein; man ließ sie gewähren, unter der Bedingung, dass sie die Donaugrenze vor Angreifern verteidigten. Doch es kam zu einem Aufstand, im Zuge dessen die Westgoten unter Alarich I. 410 nach Chr. in Italien einfielen und Rom plünderten. Später ließen sie sich im heutigen Spanien nieder. Gallien wurde ab dem fünften Jahrhundert nach Chr. von den Franken kontrolliert, dem römischen Britannien setzten die Angelsachsen zu.

Das Ende Roms

Ende des fünften Jahrhunderts nach Chr. brach das Weströmische Reich zusammen, nachdem die Vandalen, die den Römern schon in Nordafrika begegnet warten, 455 nach Chr. Rom überfielen. Im Jahre 476 nach Chr. wurde der letzte römische Kaiser, Romulus Augustulus, abgesetzt, und ausgerechnet ein Germane namens Odoaker ließ sich zum »König von Italien« ausrufen. Konstantinopel blieb von alledem verschont und war in der Lage, diverse Angriffe aus dem arabischen Raum abzuwehren.

Das Byzantinische Reich (das Einflussgebiet Konstantinopels im östlichen Mittelmeer) blieb ein relativ stabiler machtpolitischer und kultureller Faktor, bis es den Osmanen unter Sultan Mehmed II. im Jahre 1453 schließlich gelang, Konstantinopel zu erobern.

Zum Weiterlesen

Horst Blanck: Einführung in das Privatleben der Griechen und Römer, Darmstadt 1996.
Manfred Fuhrmann: Rom in der Spätantike. Porträt einer Epoche, München 1994.
Thomas Harrison (Hrsg.): Imperien der Antike, Mainz 2009.
Cornelius Hartz: Römische Schriftsteller, Mainz 2010.
Marcus Junkelmann: Gladiatoren. Das Spiel mit dem Tod, Mainz 2008.
Ingemar König: Vita Romana. Vom täglichen Leben im alten Rom, Stuttgart 2004.
Albin Lesky: Geschichte der griechischen Literatur, Berlin/New York 1999.
Detlef Lotze: Griechische Geschichte. Von den Anfängen bis zum Hellenismus, München 2010.
Richard T. Neer: Kunst und Archäologie der griechischen Welt. Von den Anfängen bis zum Hellenismus, Darmstadt 2013.

Nigel Pollard und Joanne Berry: Die Legionen Roms, Stuttgart 2012.
Hermann A. Schlögl: Das Alte Ägypten. Geschichte und Kultur von der Frühzeit bis zu Kleopatra, München 2006.
Raimund Schulz: Feldherren, Krieger und Strategen. Krieg in der Antike von Achill bis Attila, Stuttgart 2012.
Klaas R. Veenhof: Geschichte des Alten Orients bis zur Zeit Alexanders des Großen, Göttingen 2001.

ISBN 978-3-85179-260-7

Covergestaltung: Christina Krutz, Biebesheim am Rhein
Layout und Satz:
Christine Paxmann text • konzept • grafik, München
Druck und Bindung: Finidr

www.thiele-verlag.com